ullstein

Sandra Jung

DIE HERRSCHER DER LÜFTE UND ICH

Mein Leben mit Greifvögeln

Unter Mitarbeit von
Aylin LaMorey-Salzmann

Ullstein

Besuchen Sie uns im Internet:
www.ullstein-buchverlage.de

Die Berufsbezeichnungen in diesem Buch sind aus Gründen der sprachlichen Vereinfachung oft in der männlichen Form genannt. Selbstverständlich sind mit Falknern auch Falknerinnen gemeint, ebenso wie bei anderen Bezeichnungen in der männlichen Form immer auch die weibliche gemeint ist. Verlag und Autorin bitten für diese Sprachregelung um Verständnis.

Originalausgabe im Ullstein Taschenbuch
1. Auflage Mai 2019
© Ullstein Buchverlage GmbH, Berlin 2019
Umschlaggestaltung: zero-media.net, München
Titelabbildung: © Benedikt Nyssen und © FinePic®, München
Gesetzt aus der Minion Pro und Alvard Sans Aged
Satz und Repro: LVD GmbH, Berlin
Druck und Bindearbeiten: CPI books GmbH, Leck
ISBN 978-3-548-06057-6

Vorbemerkung

Dieses Werk stellt meinen Werdegang vom Besuch der ersten Flugshow bis zur eigenen Falknerei dar. Um meine Erlebnisse und Erfahrungen wiederzugeben, habe ich mir viel Mühe gegeben, die Gespräche und Begegnungen in all diesen Jahren möglichst wahrheitsgemäß aufzuschreiben. Mit Rücksicht auf die Persönlichkeitsrechte habe ich die Namen und Charaktere einiger Personen verändert und Orte verlegt. Jeder meiner Wegbegleiter, der sich nicht wiederfindet, möge mir das verzeihen. In meinem Herzen habt ihr natürlich alle einen festen Platz.

Die Falknerwelt ist eine sehr, sehr kleine Welt. Ich möchte allen Falknern, die mich auf meinem Weg begleitet haben, für ihr Wissen und ihre Lehrstunden danken. Ohne euch stünde ich sicherlich nicht da, wo ich heute stehe. Ich möchte zudem alle Falkner um ihre Nachsicht bitten, ich habe einzelne fachliche Aspekte dem Zwecke der Geschichte untergeordnet und bin mir bewusst, dass die ein oder andere Handlung mit einem Augenzwinkern zu betrachten ist. Um es mit den Worten eines von mir sehr geschätzten Falkners zu sagen: »Immer locker bleiben!«

*Dieses Buch ist für meine Familie, die mich
während all der Jahre auf meinem Weg unterstützt
und mich niemals für verrückt erklärt hat.
Und natürlich für Ben. Danke, dass ich mit dir zusammen
den Traum Falknerei wahr werden lassen konnte.*

Inhalt

Prolog	11
TEIL EINS	
Wie alles beginnt	13
Der erste Augenblick	15
Punktlandung	20
Das Wappentier lebt	30
Das Grüne Abitur	36
Eine schönere Welt	47
Mein neuer Gefährte	54
Vertrauen ist alles	66
TEIL ZWEI	
Können Träume wahr werden?	77
Von Höhen und Tiefen	79
Krähenfedern	90
Wo ein Wille, da ein Weg	97
Die Vogelhochzeit	105
Madame Elise	109
Wir machen das!	117

TEIL DREI
Willkommen auf Burg Greifenstein 129

   Planen, Planen, Planen 131
   Schlag auf Schlag 139
   Der große Tag 154
   Kayla wird Weltmeisterin 168
   Die Adlerdusche 177
   Das Grüne Klassenzimmer 185
   Alle wachsen über sich hinaus 193
   Gute Besserung, Dexter! 202
   Kratzer gehören dazu 209
   Findelkinder 214
   Winterwunderland 224

Epilog 231

Bild- und Quellennachweis 233

Prolog

Ich blinzele und kneife angestrengt die Augen zusammen, um die kleinen schwarzen Punkte am Himmel erkennen zu können. Ich stehe mitten auf der Flugwiese, die ich seit wenigen Wochen als meinen Arbeitsplatz bezeichnen kann. Ich drehe mich im Kreis, den Kopf in den Nacken gelegt. Mir wird bei dieser Drehung leicht schwindelig, trotzdem wende ich meinen Blick nicht vom Himmel ab. Die schwarzen Punkte dort oben, das sind Vögel, die ich beobachte. Greifvögel, um genau zu sein. Adler, um ganz genau zu sein. Meine Adler.

Es ist unglaublich warm. Hier auf der Burg habe ich das Gefühl, nur wenige Meter von der Sonne entfernt zu sein. Mein persönlicher Platz unter dem Himmel. Die Sonne kennt kein Mitleid, sie brennt erbarmungslos auf mich nieder, der Schweiß steht mir auf der Stirn. Und trotzdem gibt es gerade keinen Ort auf dieser Erde, an dem ich lieber wäre. Ich bin so glücklich wie noch nie in meinem Leben. Die heiße Luft steigt beständig nach oben und hat die drei Adler mit in die Höhe getragen, wo sie jetzt in aller Seelenruhe durch die Luft gleiten. Wie frei müssen sie sich dort oben fühlen, frei von jeglichen Zwängen, frei in allem, was sie tun. Die Welt liegt ihnen zu Füßen, und das weiß jeder von ihnen ganz genau. Ich atme tief ein und wieder aus. Ich bin bereit. Werden sie auf mein Rufen reagieren?

TEIL EINS

Wie alles beginnt

Der erste Augenblick

Meiner Freundin Hannah verdanke ich, dass ich erstmals in Berührung mit Greifvögeln komme. Vor ein paar Tagen hat sie mir von einer Falknerei im Nachbarort erzählt, und ich war sofort Feuer und Flamme, diese zu besuchen. Nun sind wir gerade in der Falknerei angekommen, um uns die Flugvorführung anzusehen. Gespannt sitzen wir auf den Besucherbänken, den Blick auf eine große Freifläche gerichtet. Auch die Bänke um uns herum sind besetzt, die Flugshow ist gut besucht. Aus allen Richtungen hört man Vögel rufen, meine Nerven sind zum Zerreißen gespannt. Ich kann es kaum erwarten, die Tiere im Freiflug zu bewundern. Schon ertönt es aus den Lautsprechern: »Herzlich willkommen, verehrte Zuschauerinnen und Zuschauer, zu unserer ersten Flugvorführung in der Saison 2009!« Pfeilschnell fliegt wenig später der erste Vogel, ein Falke, an mir vorbei. Das Tier ist unglaublich flink und wendig, ich komme mit meinen Augen kaum hinterher. Der Falkner erzählt währenddessen viel Informatives über diesen Vogel. Ich lausche dem Text, werde aber immer wieder durch die faszinierenden Bewegungen um mich herum abgelenkt. Das Zuhören fällt mir vor lauter Begeisterung immer schwerer. Es folgen viele weitere Vögel, jeder hat besondere Talente: Manche, wie der Falke, sind besonders schnell, andere können Beute am Boden und in der Luft schlagen, und Eulen, so erfahre ich hier, fliegen absolut lautlos. Den Abschluss der Vorführung bildet ein riesengroßer Adler. Das ist der größte Vogel, den ich jemals in meinem Leben gesehen habe. Ich kenne Amseln und Tauben, natürlich auch Adler aus dem Fernsehen oder dem Internet. Aber einen Adler live und hautnah vor mir zu sehen ist völlig unbeschreiblich. Das Tier fliegt direkt über unsere Köpfe hinweg, Hannah und ich ducken uns kichernd und mit klopfendem Herzen. Wahnsinn. Nach jedem Flug kehrt der Adler wieder auf den Handschuh eines Falkners zurück und frisst dort anscheinend ein Stückchen Fleisch. Wie fühlt sich dieser Moment der Landung wohl an? Wie gerne würde ich das herausfinden und all diese Vögel kennenlernen. Ich bin völlig fasziniert und wie gefesselt von den Tieren.

Nach der beeindruckenden Flugvorführung gibt es die Möglichkeit, einmal selbst in den Handschuh zu schlüpfen und einen Greifvogel zu halten. Ich lasse mir das natürlich nicht zweimal sagen. »Los, komm. Das machen wir!«, fordere ich Hannah auf und bin schon auf halber Strecke unterwegs zu einem Helfer, der nun mit einem braunen Vogel die Fläche betritt. Hannah lacht, meine Begeisterung konnte sie wohl schon während der einstündigen Show spüren. »Bin schon unterwegs!«, ruft sie mir hinterher und hat Mühe, mit mir Schritt zu halten.

Der Helfer, ein junger blonder Mann mit riesiger Sonnenbrille, lächelt mich freundlich an und fragt, ob ich mich denn auch mal traue. »Na klar«, kommt es wie aus der Pistole geschossen, und ehe ich mich's versehe, steckt meine linke Hand schon in dem kräftigen Lederhandschuh. »Was für ein hübscher Kerl!«, stellt Hannah begeistert fest, während sie mit ihrer analogen Kamera, die sie für unseren Ausflug mitgebracht hat, ein Foto von mir und dem Greifvogel schießt. »Aber was für ein Vogel ist das denn überhaupt?«, frage ich den Blonden, der sich mir als Heiko vorstellt. Er erklärt mir, dass es sich um einen Mäusebussard handelt. »Unser häufigster Greifvogel in Deutschland. Die gibt's von ganz braun, so wie dieses Kerlchen hier, bis hin zu schneeweiß. Alles ist möglich.« Ich begutachte den Bussard auf meinem Arm eingehend. In mir macht sich riesiger Respekt, fast schon eine Art von Angst breit. Allerdings ist es ein positives Angstgefühl, so wie man es aus Horrorfilmen oder von der Achterbahnfahrt kennt. In meinem Bauch spüre ich, wie sich meine Organe leicht zusammenziehen, und noch ein weiteres Gefühl kann ich tief in mir ausmachen: Ich spüre Adrenalin, eine innere Aufregung, die alle Nervenenden elektrisiert. In diesem Moment frage ich mich, ob es überhaupt etwas Schöneres auf dieser Erde gibt? Es ist Liebe auf den ersten Blick, und das kann ich offensichtlich schwer verbergen. »Kannst du dich trennen?«, fragt Hannah mich lachend, denn hinter mir warten noch weitere Zuschauer auf ihre Erfahrung mit dem Mäusebussard. »Einen kleinen Moment noch«, erwidere ich. Während ich mich bisher nicht traute, dem Vogel direkt in die Augen zu sehen, wage ich nun einen vorsichtigen Blick in sein Gesicht. Ich betrachte seine hellen Augen, seinen festen Blick. Der Vogel fixiert auch mich, starrt mich geradezu an. Wieder meldet sich mein Bauch. Dies hier ist definitiv besser als jede Achterbahnfahrt! Das Kribbeln wächst zu einem riesigen Schwarm Schmetterlinge heran, ich muss tief die Luft einziehen, um meine Gefühle zu ordnen. Nach wenigen Sekunden ist der Moment vorbei, der braune Bussard wendet seinen Blick von mir ab und schaut mit aller

Gelassenheit in die Ferne. Ihm liegt die Welt zu Füßen, überallhin würden ihn seine Schwingen tragen, und dennoch sitzt er hier bei mir, zufrieden und aufgeplustert. Seine kleinen, zarten Federn bewegen sich in der leichten Frühlingsbrise. Ich merke: Er vertraut mir, er vertraut den Menschen, hier ist sein Zuhause, hier geht es ihm gut.

Das Gefühl einer gewissen Unwirklichkeit weicht langsam, und ich lasse meinen Blick schweifen, betrachte die Gestalt dieses atemberaubenden Tieres. Sein braunes Gefieder sieht weich und glatt aus, wirkt aber trotzdem gleichzeitig fest und stabil. Die Fänge des Bussards wirken rau und kräftig, leuchtend gelbe Füße mit schwarzen Krallen stehen auf dem dicken Lederhandschuh. Von seinen Krallen spüre ich nicht einen Hauch auf meiner Hand, und doch lassen die tiefen Furchen und Kratzer im schwarzen Leder vermuten, wozu diese Fänge fähig sind. Durch und durch beeindruckt frage ich mich unweigerlich, wie sich sein Gefieder, seine Füße wohl auf der Haut anfühlen mögen. Doch dem Wunsch, ihn zu berühren, widerstehe ich, denn irgendetwas sagt mir instinktiv, dass eine Berührung durch einen Fremden diesem anmutigen Tier niemals gefallen würde, geschweige denn dass es den Körperkontakt genießen würde. Ich muss mir sofort vorstellen, wie es wäre, wenn mir eine wildfremde Person plötzlich über die Wange streichen würde. Ziemlich unangenehm!

»Soooo«, höre ich Heiko, und ich kann seiner Gestik entnehmen, dass er den Handschuh samt Vogel nun doch weiterreichen muss. »Ich trenne euch zwei ja nur ungern …«, beteuert er mit einem Lächeln. Ich bedanke mich bei ihm für seine Geduld und drehe mich strahlend zu Hannah um. »Deine Augen glänzen ja!«, flüstert sie mir im Weggehen zu. »Was hab ich da nur angerichtet?«

»Oh, wenn du wüsstest! Ich habe noch was vor!«, gestehe ich ihr.

»Ach ja, und was?« Kritisch werde ich beäugt.

»Hier sind so viele junge Leute, die mithelfen. Ich möchte auch lernen, was sie hier tun. Ich möchte alles über die Greifvögel wissen und sie auch bei mir landen lassen. Vielleicht darf ich das ja?«

»Da vorne steht der Falkner. Kannst ihn ja mal fragen.«

Gesagt, getan. Ich spreche den Falkner im Eingangsbereich an, frage ihn, ob er denn noch Helfer suche. »Wer mit Herzblut und Verstand bei der Sache ist, ist hier immer willkommen«, ruft er laut aus, und ich muss kichern, denn ich glaube, diesen Satz hat er nicht zum ersten Mal kundgetan. »Oh, super! Das freut mich riesig. Ich bin total begeistert von Ihren Tieren. Wann darf ich denn das erste Mal wiederkommen?«

»Von mir aus schon nächsten Samstag. Wir treffen uns immer um zehn Uhr.«

»Abgemacht! Dann werde ich nächsten Samstag um zehn Uhr hier sein!«, verkünde ich unglaublich stolz und sehr, sehr glücklich. Ich verabschiede mich freundlich vom Falkner, und wir verlassen für diesen Tag die Falknerei. Es sollen noch viele, viele weitere Besuche werden.

Rundum zufrieden treten Hannah und ich den Heimweg an, auf dem alles sich natürlich nur noch um ein Thema dreht: Greifvögel.

Punktlandung

Wie verabredet stehe ich am folgenden Samstag überpünktlich um Viertel vor zehn vor dem großen Eingangstor der Falknerei am See. Das Tor ist offen, es sind also schon Leute da. Ich bin unendlich nervös. Was wird mich erwarten? Werde ich wieder einen Greifvogel tragen dürfen? Sind die Helfer alle so nett, wie sie bei meinem Besuch gewirkt haben? Durch Abwarten würde ich das nie herausfinden, also los geht's, hinein in das Abenteuer Falknerei.

In der Anlage höre ich das laute Rufen der verschiedenen Greifvögel. Ich sehe die Vögel in ihren Volieren, so nennt man die riesigen Komplexe, welche vorn mit Draht versehen und zu den Seiten geschlossen sind, sitzen: Ich glaube, Eulen, Bussarde, Falken und Adler erkennen zu können. Während der vergangenen Woche habe ich mich intensiv mit dem Thema Greifvogel auseinandergesetzt, habe Bücher bestellt und Artikel im Internet gewälzt. Trotzdem vermag ich noch keine genauen Arten zu bestimmen und hoffe, dass sich das heute ändern wird. Ich laufe an der ersten Voliere vorbei. »Kwää«, schallt es heraus: ein Uhu! So viel kann ich schon sagen. Der riesige Federball sitzt direkt am Draht und betrachtet mich aus seinen großen orangeroten Augen, so, als wäre ich das besonders interessante Wesen von uns beiden. Auch die anderen Volieren passiere ich langsamen Schrittes, schaue hinein und tausche mit jedem der Bewohner einen mehr oder weniger intensiven Blick aus, während die meisten der Tiere mich auch mit ihren unterschiedlichen Rufen begrüßen. »Wir lernen uns bald besser kennen!«, verspreche ich mehr mir selbst als dem Adler in der letzten Voliere, der in seine eigenen Gedanken versunken zu sein scheint.

Ich atme einmal tief ein und sammle etwas Mut – Begegnungen mit fremden Menschen bereiten mir immer etwas Unbehagen –, dann mache ich meinen ersten Schritt in den großen Raum, in dem sich alles, was hinter den Kulissen passiert, abspielt. Ehrfürchtig schaue ich mich um und sehe unzählige Lederhandschuhe, manche lang, manche überraschend kurz, an der breiten Wand hängen. Dazwischen hängen die ledernen Falknertaschen, in denen der Falkner das Futter für die Tiere bei sich trägt. Mehrere Kühltruhen füllen ebenso den Raum wie eine große Waage, welche auf einem Tisch steht und auf der eine Holzstange befestigt ist. Ich frage mich, wozu sie dient. Auf Holzbänken sitzen weitere Helfer, darunter auch Heiko, den ich von letzter Woche wiedererkenne.

»Hi ihr alle, ich bin Sandra. Freut mich, euch kennenzulernen!«, stelle ich mich nervös lächelnd vor.

»Hey, du schon wieder. Wir kennen uns ja schon!«, entgegnet Heiko, woraufhin sich auch die anderen Helfer der Reihe nach vorstellen. Ich werde von einer sehr netten Dame mittleren Alters sofort an die Hand genommen. Andrea hilft hier schon ein paar Jahre lang aus und hat sich sofort bereit erklärt, mich einmal herumzuführen. Als Erstes geht sie mit mir zu der Wand mit den Handschuhen. »Also: Zunächst einmal das Wichtigste, der Handschuh. Denn ohne den kannst du hier nicht allzu viel reißen«, lacht sie und reicht mir einen der derben Lederhandschuhe. Ich nehme ihn, schlüpfe testweise hinein und bewege ein paarmal meine Finger, so, als würde ich etwas greifen. Das Leder ist hart und steif, die Bewegung der Finger wird auf ein Minimum reduziert: Den Daumen und die vier anderen Finger der Hand kann man wie eine Zange zusammenführen.

»Der ist sehr hart«, teile ich Andrea meine Empfindung mit.

»Das ist kein Problem, das ist normal. Du wirst dich dran gewöhnen«, sagt sie und lacht laut auf. Offenbar bin ich nicht die Erste mit dieser Startschwierigkeit.

»So, das hätten wir geklärt, dann komm einmal mit.«

Ich werde auf der anderen Seite des Raumes wieder nach draußen geführt. Wir befinden uns nun hinter den Volieren.

»Wir müssen die Tiere jeden Tag wiegen, denn nur so wissen wir, ob alles in Ordnung ist. Wie beim Menschen auch, wollen wir den Vogel in einem Idealgewicht halten. Zu viel ist ungesund, zu wenig aber natürlich auch. Auch ein kranker Vogel verliert Gewicht. Gibt's also jeden Tag genug zu futtern und der Vogel verliert trotzdem Gewicht, weiß man sofort, dass etwas nicht stimmt. Ansonsten merkt man dem Vogel zu diesem Zeitpunkt noch nichts an, denn ein Greifvogel ist von Natur aus darauf ausgelegt, gesundheitliche Probleme möglichst lange nicht zu zeigen, um nicht selbst anderen Beutegreifern zum Opfer zu fallen«, erläutert mir Andrea sehr ausführlich, und ich höre mehr als gebannt zu. Wie interessant! »Das hätte ich nicht gedacht. Wahnsinn!«, antworte ich. Wir laufen auf die Tür zu einer der vorderen Volieren zu und gehen hinein. Drinnen sitzt ein bräunlich schwarzer Vogel auf einer Stange und schaut interessiert zu uns herüber. »Das ist Morgana, unsere Wüstenbussarddame«, stellt Andrea mir den Vogel vor.

»Wenn du einen Vogel zu dir auf den Handschuh holen möchtest, hältst du deine Hand vor dessen Brust und schiebst die Hand langsam und ganz vorsichtig gegen den Vogel.« Und siehe da: Genau wie beschrieben, klettert Morgana mit zwei routinierten Schritten auf Andreas Handschuh. »Jetzt du!«, fordert sie mich auf und setzt Morgana wieder zurück auf die Stange. »Wie du siehst: Absetzen geht genau andersherum. Du hältst den Vogel rückwärts an den Platz, auf den er sich setzen soll, und durch den Druck an den Hinterbeinen, die der Falkner übrigens Ständer nennt, steigt er wiederum auf die Stange zurück. Wichtig ist dabei, dass du auf den Stoß, so nennen wir den Schwanz der Tiere, aufpasst, er darf nicht gegen die Stange gedrückt werden, sondern muss darüberhängen.«

Oje … so viele Informationen auf einmal. Es fühlt sich so an, als sei ich noch keine fünf Minuten hier, und schon schwirrt mir der Kopf – doch es ist ein schönes Schwirren! Hoch motiviert versuche ich nun selbst mein Glück und halte den zerklüfteten und zerkratzten Handschuh vor die seidenweich aussehende dunkle Brust des Bussards. Genau wie bei Andrea klettert der Vogel nun auch bei mir mit zwei Schritten auf den Handschuh und wirkt dabei überhaupt nicht angestrengt durch das Hin und Her.

»Sehr gut«, lobt mich Andrea, »jetzt nimmst du dir das Geschüh, das sind die Lederriemen, die der Vogel an seinen Beinen hat, und klemmst sie zwischen Daumen und Zeigefinger. Lass die Bänder schön lang, damit der Vogel auch genug Platz hat, um auf deinem Handschuh gemütlich stehen zu können. Dann befestigen wir das Geschüh noch unten bei dir am Handschuh, damit es dir nicht aus Versehen rausrutscht, und auf geht's zur Waage.«

Wir marschieren los. Langsam und sehr bedächtig setze

ich einen Fuß vor den anderen. Dabei halte ich den Arm sehr steif und habe nur Augen für den wunderschönen Bussard auf meinem linken Arm. Im Gegensatz zu der schwarzen Brust und dem schwarzen Rücken sind Morganas Federn an den Beinen feuerrot, genau wie ihre Schultern. Ich frage mich, ob alle ihre Körperteile eigene Greifvogel-Bezeichnungen haben, so wie der Schwanz, von dem ich gerade gelernt habe, dass er Stoß genannt wird. Ich frage Andrea, und sie erklärt mir, dass man die Beine Ständer nennt. Die Teile, die ich als Schultern identifiziert habe, sind allerdings die Handwurzelknochen, die Schultern liegen dahinter. Wie interessant. Ich plane, noch am selben Abend im Internet das Skelett eines Vogels herauszusuchen und es mir anzusehen. Morganas Augen sind hell und klar, der Schnabel ist am Ansatz gelb und wird dann zur Spitze hin immer grauer und dunkler. Das schwarze Stoßgefieder weist ein breites weißes Ende auf. Was für ein atemberaubend wunderschönes Tier! Ich bin sehr behutsam und vorsichtig und betrachte den Vogel bewundernd. »Na, nicht einschlafen, Sandra. Du kannst und solltest dich mit dem Vogel ganz normal bewegen. Sonst irritierst du ihn«, fordert Andrea mich auf und macht dabei mit ihrer Hand die klassische Kreisbewegung, mit der man jemanden zu etwas mehr Schnelligkeit antreibt. Ich versuche mein Bestes und lege einen Zahn zu, um zurück zu dem großen Raum zu gelangen.

Hier stellen wir uns vor die Waage. Andrea fordert mich auf, Morgana auf die Holzstange der Waage zu setzen, so wie sie es mir eben erst bei der Stange in der Voliere gezeigt hat. Jetzt weiß ich auch, wofür die Holzstange an der Waage dient; natürlich, die Vögel werden daraufgesetzt. Es klappt gleich beim ersten Mal, und ich bin mächtig stolz auf mich. »Klasse«, lobt Andrea mich und liest das Gewicht von der Anzeige ab.

»Neunhundertzwanzig Gramm, das passt super. Hier in unserer Liste hat jeder Vogel eine eigene Spalte, in der das tägliche Gewicht dokumentiert wird. Neunhundertzwanzig Gramm sind ein perfektes Gewicht für die Wüstenbussardlady auf deinem Arm. Nun können wir sie nach draußen bringen, denn jetzt steht das Reinigen der Volieren an.«

Wüstenbussarde, so habe ich noch am Abend zuvor recherchiert, sind Greifvögel, die in Mittel- und Südamerika vorkommen. Genau genommen sind es nicht einmal Bussarde, weswegen sie im Deutschen auch meist Harris's Hawk genannt werden. Die Tiere jagen in Gruppen, sogenannten Kompanien, was im Greifvogelreich in dieser Form absolut einzigartig ist. Innerhalb der Gruppen werden sogar Jagdstrategien entwickelt, um die Beute – meist kleine bis mittelgroße Säugetiere, zum Beispiel Kaninchen – zu erlegen.

Andrea führt mich auf die große Wiese vor den Volieren, wo unzählige sogenannte Sprenkel stehen. Am besten kann man diese Sprenkel als Stühle für Vögel beschreiben. Es handelt sich um etwa kniehohe Stangen, welche mithilfe eines Erdspießes in den Boden gesteckt werden und auf denen der Vogel gemütlich sitzen kann.

Nachdem ich Morgana auf ihren Platz gebracht habe, beginnen Andrea und ich mit der Reinigung von Morganas Voliere. Alles wird perfekt hergerichtet und gereinigt, damit dem Greifvogel sein Zuhause auch gefällt und natürlich auch, damit sich keine Krankheitserreger einnisten können. Hygiene spielt hier eine sehr große Rolle.

Zwischenzeitlich komme ich hier und da ins Gespräch mit den anderen Helfern. Ich erfahre viel, viel mehr, als ich mir an diesem ersten Vormittag merken kann, und bin doch rundum zufrieden und glücklich. Und ich bin zuversichtlich, dass ich nach und nach alle Informationen werde verarbeiten können. Als der Nachmittag anbricht, macht sich eine große Unruhe unter den Helfern breit: Das Flugprogramm steht an! Schnell werden alle Vögel in ihre Volieren zurückgebracht.

In dem großen Raum wird mit dem Chef besprochen, wer welchen Vogel fliegt, das heißt, welcher Vogel bei welchem Helfer auf dem Handschuh landen wird. An dritter Stelle soll Morgana fliegen, und Heiko ruft: »Ich zeige Sandra, wie das geht!« Oh Gott! Ich soll im Flugprogramm einen Vogel bei mir landen lassen? Innerhalb von Sekunden wird mir heiß, und ich höre das Blut in meinen Ohren rauschen. »Wird schon«, zischt Heiko mir zu. »Nur nicht aufgeregt sein.« Ich zucke die Achseln und versuche, mir meine Nervosität nicht allzu sehr anmerken zu lassen.

Den Anfang der Show sehe ich mir vom großen Aufenthaltsraum aus an. Auf den Zuschauerbänken haben sich bestimmt über vierzig Menschen eingefunden, die alle gespannt auf die Präsentation der Tiere warten. Nun bin ich noch nervöser als ohnehin schon. Dass sich das Ganze vor Publikum abspielt, habe ich bisher versucht zu verdrängen.

Dann erscheint Heiko neben mir mit Morgana auf dem Handschuh. »So. Bist du bereit? Hab keine Angst, ich zeige dir, was du tun musst.« Ich nicke, und zusammen treten wir vor das Publikum. Kaum haben wir den Raum verlassen, hebt Morgana auch schon vom Handschuh ab und fliegt auf die andere Seite der großen Freifläche. Dort steht ein weiterer Helfer und lässt den hübschen Vogel auf seinem Handschuh landen.

»Du nimmst dir hier so ein Hühnerbeinchen und klemmst es zwischen Daumen und Zeigefinger ein«, beginnt Heiko seine Lehrstunde und zaubert besagtes Objekt der Begierde aus seiner ledernen Tasche. Morgana hat sich in der Zwischenzeit auf der anderen Seite ihre Belohnung geholt und ist schon wieder auf dem Rückweg zu uns. Oder vielmehr zu mir. »Zum Landen drehst du dem Vogel immer die linke Schulter und den linken Handrücken zu«, erklärt er weiter und schiebt mich gekonnt in Position. Schwupp, schon landet der dunkle Vogel auf meinem linken Arm. Genüsslich verschlingt er das dargebotene Fleischstück. »Sehr gut. Nun drehst du dich langsam um, sodass sie wieder Richtung Publikum sieht, und sie fliegt von ganz alleine wieder weg.« Genau so kommt es. Ich bin überwältigt und fühle mich wie in einer anderen Welt. Morgana landet noch einige weitere Male bei mir, und ich freue mich mit jeder Landung mehr über sie. »Na super. Das klappt doch schon mal gut«, lobt Heiko mich. »Dann können wir ja gleich mit Akira weitermachen.«

»Akira?«, frage ich panisch. »Wer war das noch mal?« Heiko lacht und schaut bloß vielsagend. »Lass dich überraschen.«

Ich warte und warte und zergrübele mir den Kopf. Wer ist Akira? Der Uhu? Nein, das kann nicht sein. Vielleicht einer der Adler? Um Gottes willen! Die Adler sind riesengroß und sicherlich unendlich schwer. Wie soll ich das denn schaffen? Von den langen Krallen und den riesigen gelben Schnäbeln einmal abgesehen, werde ich sicher das Gewicht der Tiere gar nicht stemmen können.

»So, wir sind dran!«, unterbricht Heiko meine Gedanken. Wir gehen diesmal auf die andere, dem Publikum abgewandte Seite. »Du machst jetzt einfach ganz genau das Gleiche wie zuvor. Mach dir keine Sorgen, und hab keine Angst. Dir passiert hier überhaupt nichts.« Heikos Worte beruhigen mich ein wenig.

Wieder strecke ich meinen Arm aus und klemme das Futter, das Heiko mir reicht, in meine behandschuhte Hand. Von vorn kommt tatsächlich der riesige Adler auf mich zugeflogen. Mit weit ausgebreiteten Schwingen, im direkten Landeanflug, wirkt der Vogel noch einmal um ein Vielfaches größer als ohnehin schon. Er öffnet nun auch seine kräftigen gelben Fänge, um sicher auf meinem Arm landen zu können. Meine Knie werden schon weich, aber das will ich mir nicht anmerken lassen.

»Uff«, entweicht es mir, als dieses beeindruckende und majestätische Tier auf meinem Arm Platz nimmt. Obwohl ich alle Muskeln angespannt hatte, sinkt mein Arm im Moment der Landung um einige Zentimeter nach unten. Ich drehe mich um und hoffe, dass der Vogel schnell wieder abhebt. »Das ist Akira, unser Weißkopfseeadler. Woher der Name kommt, kannst du ja schon selber sehen. Das Weiß entsteht allerdings erst ab dem sechsten bis siebten Lebensjahr, vorher ist der Vogel kohlrabenschwarz, aber nicht minder wunderschön.« Heiko erläutert mir dieses großartige Geschöpf. Ich betrachte Akira während ihres kurzen Verharrens auf meinem Arm. Der Kopf ist schneeweiß, der Körper braun. Die Federn sehen aus wie eine Marmoroberfläche, und im Allgemeinen wirkt dieser Vogel viel mehr wie gemalt und nicht wie ein lebendiges Tier. Dass die Dame aber sehr wohl lebendig ist, beweist sie mir im nächsten Moment, indem sie sich mit ihren unglaublich kräftigen Fängen von meinem Arm abstößt, die riesigen Schwingen ausbreitet und losfliegt. Wieder gibt mein Arm mangels der nötigen Muskulatur nach. »Die Weißkopfseeadler kommen aus Amerika, sie leben dort von Florida bis Alaska an allen größeren Gewässern. Bevorzugt fressen sie Fisch. Deswegen haben sie auch diese kräftigen Fänge: Fisch ist immerhin ziemlich glitschig«, referiert Heiko über Akiras Ahnen in der freien Wildbahn und muss dabei selbst ein wenig lachen.

Nach dem Flugprogramm werden alle Vögel noch auf dem Handschuh gefüttert und wieder in ihre Volieren gebracht. Was für ein wundervoller Tag! Ich kann vor lauter Glücksgefühlen kaum klar denken.

Ich bedanke mich bei allen Helfern für ihre Geduld mit mir, für ihre vielen spannenden Erklärungen und natürlich bei dem Falkner für diese Möglichkeit. Mehr als zufrieden werde ich zum Feierabend von meiner Mutter abgeholt und kann schon auf der Heimfahrt keine Sekunde mehr den Mund halten, so viel habe ich zu berichten.

Ab jetzt komme ich regelmäßig in die Falknerei und kann mein neues abenteuerliches Hobby Woche um Woche kaum erwarten.

Das Wappentier lebt

»Ich habe solche Angst um dein Gesicht«, teilt mir Mama mit, während wir zusammen das Abendbrot vorbereiten. »Ich weiß, aber das musst du nicht. Die Tiere sind weder böse noch gefährlich. Und damit auch nichts aus Versehen passiert, wird mir doch alles ganz genau gezeigt und erklärt. Ich weiß, worauf ich achten muss«, versuche ich sie zu beruhigen und ganz selbstsicher zu wirken, obwohl ich weiß, dass ich selbst noch viel lerne. Aber ich habe ein Grundvertrauen in die Tiere, das mich trägt, und das versuche ich meiner Mutter näherzubringen. Sie verzieht gequält ihren Mund und zeigt mir dadurch, dass sie nicht wirklich überzeugt ist.

»Ich weiß ja, dass ich dich von deinen Tieren nicht trennen kann, immerhin lebe ich seit über zehn Jahren mit Hunden, Meerschweinchen, Hamstern, Lemmingen, Schlangen, Chamäleons und Fischen zusammen! Ach ja, nicht zu vergessen deine kleine Futtertierzucht. Mäuse und Grillen haben auch noch unter diesem Dach gewohnt.« Sie muss lachen, und ich stimme ein, denn tatsächlich habe ich, seit ich denken kann, immer wieder neue Haustiere angeschleppt. Ich bin Mama sehr dankbar, dass mein kleiner Zoo nie ein Problem war, wobei ich mich auch immer vorbildlich um alle Tiere gekümmert habe. Deren Versorgung hatte bei mir schon immer Vorrang, auch als ich noch ein Kind war. Meine Boxerdame Emma ist mein ständiger Begleiter, zusammen gehen wir schon seit meinem dreizehnten Lebensjahr durch dick und dünn, und ich erinnere mich noch, wie stolz ich als junges Mädchen auf die Ausbildung meines Hundes war!

Mein Paps ist, was die Verletzungssorgen angeht, etwas entspannter. Vielmehr interessiert ihn etwas ganz anderes. »Wie kannst du nur diese kleinen süßen Küken auseinanderrupfen?«, fragt er mich eines Abends und spielt darauf an, dass wir den Greifvögeln Küken verfüttern. »Na, die Tiere wollen eben auch etwas essen. Im Endeffekt ist es nichts anderes als das Fleisch, das wir essen. Nur eben noch unverarbeitet und in Originalverpackung«, erkläre ich ihm mit einem Augenzwinkern. Ich bekomme nur ein »Hm« als Antwort. Dass seine kleine Tochter nun flauschige gelbe Küken an große Greifvögel verfüttert, muss er wohl noch verarbeiten. Die Küken, die wir in der Falknerei am See verfüttern, stammen aus der kommerziellen Eierproduktion. Es handelt sich hierbei um die männlichen Küken, welche natürlich keine Eier legen können. Da es sich bei Legehühnern und Fleischhühnern um gänzlich verschiedene Rassen handelt, kann man sie auch schwer zur Fleischproduktion verwenden. Die Tiere werden aber eben nicht einfach entsorgt, sondern dienen zu neunundneunzig Prozent als Tierfutter für Hunde, Katzen oder Zoos und Falknereien. Überall, wo unter Zutaten »Rohprotein« oder »tierische Nebenerzeugnisse« aufgeführt sind, handelt es sich hierbei oftmals um Hähnchen. So werden sie noch verwertet und mussten nicht umsonst sterben.

Trotz der Bedenken meines Vaters merke ich, wie unglaublich stolz er auf mich ist. Jedem, der ihm begegnet, erzählt er begeistert von seiner Tochter, der Falknerin. An einem Tag sitzen wir in einem Café zusammen. Paps wischt über sein Smartphone, um sich die neusten Bilder von mir in der Falknerei anzusehen. Als die Kellnerin kommt und nach unseren Wünschen fragt, gebe ich meine Bestellung auf und lächele die Dame an, während sie geduldig auf die Antwort meines Vaters wartet. Paps schaut von seinem Handy auf, sieht die Kellnerin an und hält ihr dann strahlend das Telefon vor die Nase.

»Das ist meine Tochter! Sie ist Falknerin!«, erklärt er völlig ungefragt, aber sichtbar stolz. Wie unangenehm! Und dabei bin ich nicht mal wirklich Falknerin. Den Falknerjagdschein habe ich noch nicht absolviert.

»Oh, wow! Das ist aber toll«, antwortet die Dame freundlich und schaut mich nun noch mal etwas eingehender an. »Die sind bestimmt schwer.«

»Ja, das sind sie.« Ich nicke ihr immer noch lächelnd zu und wende mich nun selbst an meinen Vater: »Paps. Darf's denn etwas sein für dich?«

»Ach ja, ein Stück Apfelkuchen würde ich nehmen. Danke schön.« Er nickt der Kellnerin zu, und sie verschwindet wieder hinter der Theke.

Paps, wie er leibt und lebt. Irgendwie ist er doch ganz schön niedlich.

*

Zu einem Besuch in der Falknerei nehmen meine Freunde unseren Austauschschüler aus den USA mit. Sam ist so alt wie wir, sechzehn Jahre, und ich vermute, dass er als Amerikaner den Wappenvogel der Vereinigten Staaten verehrt.

Natürlich habe ich im Vorfeld mit dem Falkner gesprochen, und wir haben ausgemacht, Sam zu überraschen.

Pünktlich um vierzehn Uhr beginnt wie jeden Tag das

Flugprogramm. Die anderen Helfer, darunter auch Heiko und Andrea, und ich bereiten uns vor, planen die Show und besprechen, wer von uns was wann erledigt. Alles muss perfekt durchgetaktet sein, damit nichts schiefgeht. Es ist ein herrlicher Sommertag, die Grillen zirpen auf den angrenzenden Feldern, die Sonne strahlt, erwärmt die umgebende Luft, und ich kann meine Überraschung für Sam kaum erwarten. Die Besucherbänke sind voll mit begeisterten Gästen, welche die ganze Show über freudig zuschauen und beeindruckt klatschen.

Am Ende des Flugprogramms ist es dann so weit: Akira als Höhepunkt gleitet mit ihren kräftigen Schwingen auf die Flugwiese. Ich laufe zu Sam und bitte ihn, mit mir mitzukommen.

Wir gehen auf die andere Seite der Fläche, dahin, wo auch ich das erste Mal Akira unter Heikos Anleitung auf meinem Handschuh habe landen lassen.

Nun stecke ich Sam meinen Handschuh auf die linke Hand, schiebe ihn in die richtige Position und lege ihm Futter zwischen die Finger. Sam ist völlig verblüfft, noch hat er kein Wort gesagt. Ehe er sich zu viele Gedanken machen kann, was da gerade mit ihm passiert, ist Akira auch schon auf dem Weg zu ihm. Der große Adler landet routiniert auf Sams Arm, nimmt sich seine Belohnung und schaut dem Fremden ins Gesicht. Sam starrt zurück, er wirkt wie paralysiert. »Wow!«, entfährt es ihm. »Awesome. What a beauty.« Die beiden sehen sich sekundenlang tief in die Augen. Von diesem für ihn unvergesslichen Moment wird er wohl noch lange Zeit erzählen. Sekunden später ist der Zauber vorbei, und Akira fliegt mit kräftigen Flügelschlägen von dannen.

Weißkopfseeadler stehen in den USA unter strengstem Schutz, es ist verboten, sie zu verletzen, zu töten, zu halten oder sie zu züchten. So nahe wie Sam an diesem Tag kommen nur die allerwenigsten US-Amerikaner ihrem stolzen, wunderschönen Wappentier.

Meine Freunde verabschieden sich nach diesem Tag, und ich bin sehr zufrieden, ihnen meine Leidenschaft präsentiert zu haben.

»Ich kann deine Vernarrtheit bezüglich dieser Tiere zwar nicht so ganz nachvollziehen, aber du warst ja schon immer ein bisschen crazy. Von daher passt das ja schon irgendwie zu dir«, erklärt mir Mario nach diesem Tag mit einem breiten Grinsen im Gesicht. Simon nickt lachend.

»Danke. Ich hab euch auch lieb!«, entgegne ich und muss ebenfalls laut loslachen.

»Aber jetzt mal Klartext: Hast du niemals Angst, dass dich einer der Vögel verletzt? Die Schnäbel sind so riesig, beißen die nicht oder greifen dich mal an, oder so?« Mario ist sichtlich besorgt.

»Ach Quatsch. Die wollen mir ja nicht wehtun. Sie greifen mich nicht an und beißen nur, wenn sie etwas nervt. Man lernt die Tiere zu lesen, dann weiß man, was sie mögen und was nicht. Alles halb so wild.«

Insgeheim mache ich mir zwar auch hin und wieder ein paar Gedanken zu dem Thema, aber das mag ich lieber nicht zugeben.

Mario und Simon bleiben noch zurück, während der Rest der Truppe zum Tor hinausläuft.

»Wir wollen heute Abend nach Köln, ein bisschen feiern. Kommst du mit?«, fragt mich Simon, und beide schauen mich mit großen Augen an. Sie ahnen wohl schon, was ich antworten werde.

»Sorry, ich habe hier in der Falknerei für morgen schon

zugesagt. Das wird leider nichts heute. Feiert mal schön ohne mich.« Ich lächle die beiden an und hoffe, dass die Enttäuschung, die ich in ihren Augen lese, nicht allzu lange andauern wird.

Ich bin noch nie eine große Partymaus gewesen und drücke mich oft vor Feiern, die bis spät in die Nacht dauern. Durch die Arbeit in der Falknerei sind die Wochenenden nun gänzlich verplant, durch die Klubs tingeln und am nächsten Morgen wieder früh raus, das verträgt sich eben einfach nicht. Ich möchte es nicht riskieren, durch Müdigkeit oder einen Kater Fehler im Umgang mit den Greifvögeln zu begehen. Das kann dann unter Umständen zu Verletzungen auf meiner Seite führen und sehr schmerzhaft werden. Aber auch dass den Vögeln selbst etwas zustößt, möchte ich nicht riskieren. Ich habe sehr schnell verstanden, dass die Falknerei eine sehr verantwortungsvolle Aufgabe ist, die meine volle Aufmerksamkeit benötigt. Ich habe ebenso schnell verstanden, dass es unbezahlbar ist, was ich dafür zurückbekomme, wenn ich den Tieren eben diese volle Aufmerksamkeit schenke, und ich weiß, dass ich es nicht mehr missen möchte.

Ich verabschiede meine Freunde und widme mich wieder voll und ganz meinen geliebten Greifvögeln, denn es ist noch viel zu erledigen an diesem Tag.

Das Grüne Abitur

Ich habe alle Hände voll zu tun, denn mein Abitur steht in ziemlich genau einem Jahr bevor. Die Oberstufe nimmt viel Zeit in Anspruch, und trotzdem schaffe ich es irgendwie, jedes Wochenende bei den Greifvögeln zu verbringen. Meine Noten sind im oberen Zweierbereich, also möchte ich mich nicht beklagen.

»Morgen Mittag treffen wir uns mit der Lerngruppe, bist du dabei?«, fragt mich Simon, während wir mit ein paar Mitschülern aus unserem Mathekurs in Richtung Ausgang laufen. Es ist Freitagnachmittag, das Wochenende rüttelt also schon mit all seiner Kraft an den Toren, und meine Freunde beginnen, die zwei freien Tage möglichst lückenlos zu planen.

»Nee, sorry. Ich bin morgen wieder in der Falknerei. Fraglich, ob ihr wirklich lernt! Die meiste Zeit zockt ihr doch sowieso an der Konsole«, entgegne ich lachend und knuffe Simon spielerisch in den Arm.

»Da magst du recht haben. Trotzdem verpasst du was!«

Wovon meine Freunde noch nichts wissen: Ich habe mich nach reiflicher Überlegung dazu entschlossen, noch in diesem Jahr, und somit noch vor dem Abitur, meinen Jagdschein und anschließend den Falknerschein zu absolvieren. Denn um zur Falknerprüfung zugelassen zu werden, ist der Jagdschein dringende Voraussetzung. Mit meiner Mutter habe ich eingehend darüber gesprochen. Sie weiß, dass ich meinen Weg weiterverfolgen werde, weiß, wie stur ich bin, wenn ich mir einmal etwas in den Kopf gesetzt habe.

»Du weißt, dass ich dich immer unterstütze. Egal, was du dir vornimmst, meine Rückendeckung hast du«, waren ihre Worte, und ich kann gar nicht beschreiben, wie wichtig diese uneingeschränkte Unterstützung für mich ist.

Der Jagdkurs, bei dem ich mich angemeldet habe, soll schon im kommenden Monat, im Mai, beginnen. Er findet an zwei bis drei Tagen in der Woche statt, immer montags und freitags am Abend und alle zwei Wochen samstags für das Training auf dem Schießstand.

»Puh, es wird eine harte Zeit«, seufze ich, während ich mich auf die Eckbank in unserer Küche fallen lasse. Erst jetzt wird mir richtig bewusst, was ich mir da eigentlich vorgenommen habe. Trotzdem freue ich mich zugleich riesig, jetzt wirklich Falknerin zu werden.

»Auch das wirst du meistern, mein Schatz. Wenn du es so sehr willst, dann schaffst du es auch«, versichert mir Mama und lächelt mich aufmunternd an.

Ich schaue ihr tief in die Augen und seufze. »Danke, Mama. Ich hab dich lieb.«

Der Mai kommt schnell. Schon ist es so weit, und der Kurs beginnt. Am ersten Tag finde ich mich zusammen mit zwanzig anderen Personen in der Geschäftsstelle der Kreisjägerschaft meines Landkreises ein. Ich setze mich neugierig und gespannt ziemlich weit nach vorne, um auch alles mitzubekommen. Die Gruppe um mich herum ist ein sehr bunter Haufen; Frauen, Männer, alt, jung, alles ist vertreten. Zusammen mit einem anderen jungen Mann zähle ich offenbar zu den Jüngeren, den ältesten Herrn schätze ich auf weit über siebzig. Etwas überrascht bin ich schon, eigentlich hätte ich deutlich weniger Frauen und junge Leute erwartet und stattdessen mehr ältere Herren. Offenbar habe ich mich in der Alters- und Geschlechterstruktur bei Jägerinnen und Jägern doch grundlegend getäuscht.

Der gesamte Raum steht voller Präparate. Tote Augen starren mich von überallher an. Ich finde das etwas befremdlich, gleichzeitig bin ich aber auch seltsam fasziniert. Welche Tiere sind das eigentlich? Ein paar erkenne ich; Fuchs, Hase, Taube, auch Greifvögel sind vertreten, die ich ohne Probleme bestimmen kann. Doch sehr viele andere Tierarten kann ich noch nicht sicher benennen. Ich sehe mich weiter um und schaue etwas genauer in eine der Vitrinen. Das wird ein Marder sein. Noch ein Marder. Ein großer Marder, ein kleiner Marder. Und ein noch kleinerer Marder. Hilfe! Wie viele Marder gibt es in Deutschland eigentlich? Sind das überhaupt alles Marder?

Während der heutigen und der nächsten Sitzungen lerne ich alle großen Säugetierarten in Deutschland kennen. So viele Arten, von denen ich nicht mal wusste, dass es sie gibt. Ich fühle mich abwechselnd beschämt und traurig, so wenig Ahnung von meiner geliebten Natur gehabt zu haben. Ich lerne, wann Rotwild brunftet, wann der Fuchs ranzt und dass Rehwild sogenannte Konzentratselektierer sind, also Feinschmecker. Sie sind so mäkelig, jeder Sternekoch würde erblassen. Rehwild und Rotwild sind zwei verschiedene Arten, und es gibt sogar noch zwei weitere Hirscharten in Deutschland. Darüber hinaus sind tatsächlich acht verschiedene Marderarten bei uns heimisch: Steinmarder, Baummarder, Iltis, Hermelin, Mauswiesel, Dachs, Nerz und Fischotter. Durch die Jagdschule kenne und erkenne ich sie nun alle, ich weiß, wo der Dachs lebt, was Superfötation beim Hasen ist und dass der Hase es fürsorglich meint, wenn er sein Junges den gesamten Tag bei Eiseskälte auf dem Feld alleine lässt. Ich bin überwältigt von der Fülle an neuen Informationen und Erkenntnissen. Es gibt so vieles, was wir über unsere Natur nicht wissen. Um sie zu schützen, müssen wir sie erst mal verstehen lernen.

Nach einem halben Jahr büffeln, lernen und noch mehr büffeln lege ich schließlich erfolgreich die Jagdprüfung ab und bin somit endlich zum Falknerkurs zugelassen. Das *Grüne Abitur* hat mich Mutter Natur so viel nähergebracht, als ich es mir jemals hätte vorstellen können.

In einer kleinen Jagdschule im Saarland habe ich den perfekten Falknerkurs gefunden. Es ist ein zweiwöchiger Intensivkurs, und daher kann ich ihn noch vor dem Abitur in den Winterferien absolvieren.

Da ich seit dem ersten Tag in der Falknerei jedes Buch über Greifvögel, welches ich in die Finger bekommen konnte, verschlungen habe und jede Seite im Internet, egal ob auf Deutsch oder Englisch, über diese Tiere besucht habe, mache ich mir, was das Hintergrundwissen für die Prüfung angeht, keine allzu großen Sorgen. Freudig erregt und hoch motiviert stehe ich am ersten Tag auf dem kleinen Vorplatz vor dem Schulungsgebäude und treffe auf meine Mitschüler.

»Hey, ich bin Martin. Ich habe dich vorhin in der Pension gesehen. Max und ich wohnen auch dort.« Ein bestimmt zwei Meter großer, schlanker junger Mann Mitte zwanzig lächelt mich an. Er ist mir auf Anhieb sympathisch durch seine offene und freundliche Art. Neben ihm steht seine Begleitung, optisch das genaue Gegenteil von Martin, deutlich kleiner und etwas kräftiger, aber nicht minder freundlich und sympathisch.

»Ach, echt? Cool.« Ich schüttele den beiden die Hand. »Sandra, freut mich. Und was verschlägt euch beide hierher?«, frage ich interessiert. Vielleicht helfen sie auch in einer Falknerei aus. Dann könnte man sich austauschen, bisher ist mein Kontakt zu anderen Falknern oder Helfern aus anderen Greifvogelstationen nahe null.

»Ich bin im Kölner Zoo angestellt und würde gerne mit den Greifvögeln dort arbeiten. Falkner zu sein wäre der erste Schritt in diese Richtung«, erklärt mir Martin.

»Ich war schon bestimmt tausendmal im Kölner Zoo! Ich komme nämlich auch aus der Nähe von Köln, Erftstadt, kennst du das?«, erkläre ich begeistert.

»Na klar! Witzig. So klein ist die Welt.« Wir müssen beide lachen und wundern uns, wie der Zufall manchmal so spielt. Ich schüttele lächelnd den Kopf und freue mich immer noch über den Zufall, denn zur Jagdschule im Saarland kommen die Menschen normalerweise aus ganz Deutschland angereist. Nun blicke ich Max fragend an. »Und du, Max?«

»Ich arbeite leider gar nicht mit Tieren, ich jage viel und würde mich in puncto Greifvögel einfach gerne weiterbilden. Ob ich jemals tatsächlich einen Vogel haben will, kann ich gar nicht sagen.«

»Das find' ich klasse! Greifvögel werden meiner Meinung nach unter Jägern viel zu stiefmütterlich behandelt. Ich finde richtig toll, dass du da eine Gegenbewegung startest.« Ich lächle Max an, und er scheint sich sehr über diesen Zuspruch zu freuen.

Die Fächer, die wir behandeln, sind sehr vielseitig. Neben der klassischen Wildtierkunde und dem Jagdrecht, wie ich es auch schon aus der Jagdprüfung kenne, kommen noch weitere Fächer wie Abtragen und Haltung sowie Praktische Beizjagd hinzu.

Die beiden schon bekannten Fächer haben diesmal einen etwas anderen Fokus: In der Wildtierkunde werden zum einen die Greifvögel natürlich sehr viel ausführlicher behandelt, der Baumfalke beispielsweise wurde während des Jagdkurses bestenfalls einmal erwähnt, während er hier sehr genau in Verhalten, Biologie und Zugverhalten studiert wird. Zum anderen bejagt man als Falkner mit dem Greifvogel primär kleineres Wild wie Kaninchen, Krähen oder Enten, weswegen die großen Schalenwildarten wie Hirsche und Wildschweine hier nur kurz besprochen werden. In Deutschland gibt es achtzehn Entenarten, die man als Falkner natürlich kennen und erkennen muss. Wenn es dabei mal hakt, hat unser Dozent immer eine passende Eselsbrücke parat:

»Die Knäkente hat einen weißen Streifen auf der Wange. Stellt euch einfach euer Knäckebrot vor. Wenn ihr Frischkäse draufschmiert, ist es weiß. Die Krickente sieht ihr zum Verwechseln ähnlich, hat aber einen grünen Streifen. Würdet ihr euch etwas Grünes auf euer Knäckebrot schmieren? Nein? Na also. Knäk und weiß gehören also definitiv zusammen«, erklärt Herr Sander sehr plastisch, und der Kurs johlt vor Lachen. Das werde ich mir auf jeden Fall für immer merken.

Im neuen Fach Abtragen und Haltung geht es um die praktische Arbeit mit dem Greifvogel. Abtragen nennt der Falkner das Gewöhnen des Tieres an sich selbst und die Umwelt sowie die späteren Trainingsflüge zum Handschuh. In der Zeit des Abtragens steckt der Falkner unheimlich viel Zeit, Ruhe und

Einfühlungsvermögen in das Tier, um Schritt für Schritt sein Vertrauen zu gewinnen.

Die Haltung eines Greifvogels wiederum ist in Deutschland erfreulicherweise gesetzlich genauestens geregelt und vorgeschrieben. Er muss mindestens jeden zweiten Tag Freiflug bekommen, braucht immer frisches Wasser und ausgewogene Atzung. Atzung ist in der Falknersprache der Begriff für Futter. Kann der Falkner ihm den Freiflug nicht gewähren, muss er ihm eine große Voliere bauen, deren Maße ebenfalls für jede Greifvogelart vorgegeben sind.

Im Fach Praktische Beizjagd kommen wir schließlich zum Kern der Falknerei: Beizjagd bedeutet die *Jagd mit dem abgerichteten Greifvogel auf frei lebendes Wild*. Bis ein Vogel so weit ist, dass er zusammen mit dem Falkner jagt, vergeht einige Zeit, in der die beiden sich kennenlernen, sich vertrauen lernen und zusammen reifen und wachsen. Der Vogel muss Muskeln und Kondition aufbauen, denn die Jagd ist für ihn vergleichbar mit der Auslastung eines Spitzensportlers. Ohne hervorragende Muskulatur, die richtige Technik und genügend Ausdauer hat der Greifvogel keine Chance auf Jagderfolg.

»Alle diese Fächer bieten nur einen groben, theoretischen Grundstein auf dem Weg zur erfolgreichen Falknerexistenz.« Herr Sander erklärt uns, dass es unabdingbar ist, diese erworbenen Grundkenntnisse durch Praxiserfahrung unter einem erfahrenen Falkner zu erweitern und auszubauen. Jeder Falkner sucht sich nach oder auch schon vor der bestandenen Prüfung einen Lehrmeister, der ihn an die Hand nimmt.

Während der zwei Wochen wohnen Martin, Max und ich bei einer netten alten Dame. Frau Meier vermietet seit Jahren die

Räume in der oberen Etage ihres kleinen Hauses an die *Kunden* der Jagdschule. Seit ihr Mann vor einigen Jahren gestorben ist, hat sie dadurch »trotzdem immer Leben im Haus«, wie sie es nennt.

Morgens bereitet sie uns Frühstück vor, und zum Abendbrot setzt sie sich selbst dazu. Jeden Abend berichten wir ihr von dem neu Gelernten, und Frau Meier hört aufmerksam zu und erzählt uns von den Schülern der letzten Jahre, die sie beherbergt hat. Sie ist ein wahrer Goldschatz.

Nach dem Essen beginnt dann unsere Lernzeit. Die meisten Themen sind mir bereits zu großen Teilen bekannt, gerade die greifvogelspezifischen Inhalte muss ich nicht mehr büffeln, dieses Wissen habe ich mir in den letzten Jahren durch mein Selbststudium angeeignet. Das ist ein gutes Gefühl und bedeutet weniger Stress für mich. Martin und Max finden das allerdings genauso angenehm wie ich.

»Du fragst uns ab und erklärst uns alles. Dabei kannst du dein Wissen überprüfen, und wir lernen das Ganze. Ist das nicht eine super Idee?«, fragt mich Martin ganz begeistert. Es hat nicht lange gedauert, bis sich mein Vorwissen im Kurs bemerkbar gemacht hat. Die Dozenten stellen immer mal wieder Fragen, um den Wissensstand des Kurses abzuschätzen.

»Na klar«, antworte ich, »das können wir gerne so machen.« Ich grinse breit und halte beide Daumen nach oben. »Dann mal los, meine Schüler, der Unterricht beginnt!«

Martins Zimmer ist das größte, deswegen haben wir dieses zu unserem privaten Klassenraum ernannt.

»Wie nennt man den Gefiederwechsel eines Vogels?« Ich beginne mit leichten Fragen und steigere mich dann über den Abend bis zu den absoluten Detailfragen.

»Mauser!«, kommt es von beiden gleichzeitig wie aus der

Pistole geschossen. So geht es Abend für Abend, und die beiden lernen wie verrückt. Ich kann deutlich merken, wie sehr sie sich ins Zeug legen, und wir können immer mehr in die Details gehen. Einen Abend vor der Prüfung geht es dann in den Endspurt.

»So, erklärt mir doch mal den Unterschied zwischen dem hohen und dem niederen Flug.«

Martin setzt sich gerade hin, streckt den Rücken und legt nach einem tiefen Atemzug los: »Vom hohen Flug sind die Großfalken wie Wanderfalke und Sakerfalke, und vom niederen Flug sind die habichtartigen Greife wie beispielsweise Habicht, Harris's Hawk und Steinadler. Die Bezeichnungen kommen von der jeweiligen Jagdweise.«

»Perfekt! Genau richtig. Wenn mir jetzt noch einer sagt, wodurch die gefürchtete Greifvogelkrankheit Aspergillose verursacht wird, dann sind wir drei bereit für die Prüfung!«, erwidere ich sehr zufrieden.

»Das ist ein überall in der Umwelt vorkommender Schimmelpilz, Aspergillus, der diese sehr gefährliche Krankheit verursacht«, erklärt Max völlig richtig. Wir sind bereit.

Am nächsten Morgen stellen wir uns bestens vorbereitet den Prüfern. Alle Fächer werden nacheinander geprüft, man ist immer alleine mit den jeweiligen Prüfern eines Fachs. Die Prüfer sind selbst Falkner, allerdings sind es nicht unsere Dozenten. Ein bisschen nervös bin ich schon, wie streng werden die Prüfer sein, wie genau muss ich alles wissen und erklären? Ich hoffe sehr, dass meine Vorbereitung ausreicht und ich es nicht vielleicht doch etwas zu sehr auf die leichte Schulter genommen habe.

Die ersten Prüfungen laufen aber gut und lassen meine

Sorgen unbegründet zurück. Nun bin ich motiviert für die letzte Runde. Meine letzte Prüfung findet im Fach Abtragen und Haltung statt.

»Und Sie arbeiten schon länger in einer Falknerei?«, fragt mich der Prüfer, nachdem ich ihm einige Fragen zu den Themen Voliereneinrichtung und Trainingsflüge zu seiner Zufriedenheit beantwortet habe. Ich sehe ihn verwirrt an.

»Ähm … ja …«

»Sie haben bisher alle Fragen so exakt wie nur möglich beantwortet. Ich denke nicht, dass sich das bei weiteren Fragen noch ändern wird. Ihre Note steht also fest. Wir haben noch ein bisschen Zeit zum Plaudern.« Innerlich mache ich gerade Purzelbäume. Hat er das wirklich gerade gesagt? Es lohnt sich nicht, mich weiter zu fragen, weil er weiß, dass ich das alles weiß? Ich kann mein Glück kaum fassen. Breit grinsend erzähle ich ihm von meiner Tätigkeit in der Falknerei, und er hört gespannt zu. Nach zwanzig Minuten darf ich gehen, wir verabschieden uns freundlich, ich danke ihm, und er wünscht mir noch alles Gute und viel Erfolg für meinen Weg als Falknerin. Ich glaube, das war bis jetzt die beste Prüfung meines Lebens!

»Und, wie war's?« Aufgedreht und körperlich gerade mehr an einen Flummi denn einen Menschen erinnernd springe ich auf Martin und Max zu.

»Sehr gut! Wir haben beide bestanden. Dich müssen wir nicht fragen, oder?«

»Bestanden!«, rufe ich und umarme beide überschwänglich.

»Danke, Sandra, für deine Hilfe«, sagt Martin während der Umarmung zu mir.

»Gar kein Problem. Ihr wart die besten Schüler, die man sich wünschen konnte!«

Als wir uns verabschieden, bin ich fast ein bisschen traurig. Ich war gerade dabei, mich an das WG-Leben mit den Jungs zu gewöhnen. Martin und ich versprechen uns, weiterhin in Kontakt zu bleiben, und ich nehme mir vor, bald einmal wieder den Kölner Zoo zu besuchen. Max stammt aus Hamburg, ihn werden wir wohl nicht ganz so schnell wiedersehen. Ich wünsche ihm alles Gute und sage ihm, dass er mich auf dem Laufenden halten soll, was seinen Wunsch, einen eigenen Vogel zu besitzen, angeht. Gerne würde ich ihm helfen, falls es mal doch konkreter werden sollte.

»Und dich komme ich im Kölner Zoo besuchen!«, erkläre ich Martin.

»Na klar, und ich dich in der Falknerei!«, verspricht er mir.

Eine schönere Welt

Am ersten Tag nach bestandener Prüfung zurück in der Falknerei, werde ich von allen Helfern beglückwünscht. Andrea, Heiko und die anderen freuen sich riesig für mich, denn sie wissen, wie wichtig dieser Schritt für mich ist.

Um meinen kleinen Erfolg auch mit den Tieren zu feiern, beschließe ich, auf eine Runde Freie Folge mit Morgana zu gehen. Bei der Freien Folge lässt man den Vogel einfach vom Handschuh starten und fliegen, wohin er möchte, und geht dann durchs Revier spazieren. Der Vogel wird einem als Bezugsperson immer folgen, fliegt dabei von Baum zu Baum oder auf andere Sitzmöglichkeiten wie zum Beispiel Schilder oder Zäune, die scharfen Greifvogelaugen immer auf einen selbst gerichtet. Zwischendurch gibt's natürlich auch mal einen Happen Fleisch auf dem Handschuh, aber die restliche Zeit kann der Vogel fliegen, wie und wohin er möchte.

Ich möchte meinen ersten Moment als offizielle Falknerin in Zweisamkeit mit der Wüstenbussarddame, die mir so sehr ans Herz gewachsen ist, verbringen. Den Weg um den kleinen See neben der Falknerei entlangschlendernd, blicke ich mich in Ruhe in meiner Umgebung um. Während der Ausbildung im vergangenen Jahr habe ich unglaublich viel über die Natur um mich herum gelernt. Eigentlich dachte ich immer, ich hätte sehr viel Ahnung von meiner Umwelt, habe ich doch immer sehr viel Zeit im Freien verbracht, Bücher über Tiere gelesen und verschiedene Baum- und Pflanzenarten kennen- und zuzuordnen gelernt. Doch nun ist alles anders, mein Blick hat sich verändert. Während Morgana auf den nächsten Ast fliegt, um mit mir Schritt zu halten, begutachte ich automatisch Rinde und Blattform, um den Baum, in dem sie sitzt, zu bestimmen. Die charakteristische Blattform eines Ahorns springt mir sofort ins Auge, und ich fühle mich so stolz wie schon lange nicht mehr. Ich weiß jetzt Bäume und Pflanzen zu bestimmen, von denen ich nicht mal wusste, dass es sie gibt. Ich habe Abläufe kennengelernt, die mir völlig neu waren. Während noch jedes Kind weiß, dass Nadelbäume im Winter keine Nadeln abwerfen, ist es schon weit weniger bekannt, dass die Lärche es tut! Unsere Natur ist unglaublich vielfältig, Kindergärten und Schulen könnten hier in meinen Augen viel mehr Aufklärung leisten. Das Lehren im kleinen Rahmen während des Falknerkurses hat mir so viel Freude bereitet. Wie gerne würde ich Kindern, Erwachsenen, einfach jedem, der gerne mehr über die Natur erfahren möchte, die Prozesse erklären und näherbringen. Das wäre eine unglaublich spannende Aufgabe für mich.

»Morgana, komm doch mal her!« Ich drehe mich um und suche den Blick der schwarzen Bussarddame, welche gerade in einem weiteren Ahorn sitzt und sich das dunkle Gefieder von der Sonne etwas aufwärmen lässt.

»Na los.« Ich halte meinen schmalen Handschuh hoch, und natürlich erblickt sie mit ihren scharfen Augen sofort das Hühnerbein darin. Zügig lässt sie sich von ihrem Ausguck zu mir herabfallen und verschlingt das Leckerli am Stück. Mittlerweile muss ich auch über mich selbst lachen, wenn ich an meine ersten Tage hier zurückdenke. Konnte zu Beginn der Handschuh nicht lang genug sein, idealerweise bedeckte er meinen kompletten Unterarm, ist er mittlerweile im Umgang mit den kleineren Tieren ziemlich geschrumpft. Für Morgana reicht ein Handschuh, der gerade mal mein Handgelenk bedeckt. Sie kann darauf hervorragend stehen und landen, mein Arm ist niemals in Gefahr. Inzwischen weiß ich das, vertraue diesem anmutigen Tier blind, doch zu Beginn hielt ich einen extralangen Handschuh tatsächlich für einen angebrachten Schutz. Ich muss kichern, Morgana sieht mich etwas pikiert an. Ihr Blick sagt so viel wie: *Das war's mit Leckerli? Dann bin ich eben wieder weg.* Und schon fliegt sie mit kräftigen Flügelschlägen auf einen Zaunpfahl, von dem aus sie mich weiterhin hervorragend beobachten kann.

Ich erreiche ein kleines Biotop mit einer Neuanpflanzung verschiedener Baumarten. Hier wurde früher Kies abgebaut, inzwischen ist durch die Renaturierung ein wahres Paradies für die verschiedensten Tiere entstanden. Ich kann mich nicht erinnern, als Kind jemals bewusst einen wilden Bussard oder gar ein Reh gesehen zu haben. Leider mache ich diese Erfahrung auch immer häufiger mit den Menschen um mich herum. Es wird oft von »aussterbenden Rehen« gesprochen, weil man ja keine Rehe in der Natur sehe. Ich wünschte, mehr Menschen würden öfter solche Biotope besuchen oder einfach einmal im Wald spazieren gehen. Manchmal möchte ich sie am liebsten an die Hand nehmen und sagen: *Nur weil ihr die Rehe nicht seht, heißt das nicht, dass sie nicht da sind! Sie sind da, ihr müsst nur leise und behutsam sein und mit offenen Augen durch die Welt schreiten, dann werdet ihr sie auch zu Gesicht bekommen!* Wenn man mit offenen Augen und offener

Seele durch die Natur geht, Krach vermeidet und sich aufmerksam und respektvoll auf dieses Wunderwerk aus Beziehungen, Geflechten, Symbiosen und Abhängigkeiten einlässt, kann man so viel von Mutter Natur vernehmen. So viel mehr, als man es ansonsten tut. Es lohnt sich, versprochen!

Seitdem ich selbst aufmerksamer durch die Natur gehe, und dazu hat die Zeit in der Jagd- und Falknerschule noch einmal sehr viel beigetragen, weiß ich, dass Hasen keine Bauten haben, sondern ihre Jungen auf das offene Feld in sogenannte Sassen legen. Ich sehe jetzt öfter mal einen Hasen. Man muss nur einen Blick dafür bekommen, sich anfangs Zeit lassen und ein Feld ganz in Ruhe betrachten. Viele Erdhügel sind in Wahrheit Hasen, die wir einfach nicht zu sehen vermögen.

Das Gleiche gilt für Rehe, welch wunderbare Tiere sie doch sind. Ich weiß nun, nach dem informationsreichen Wildtierkundefach im Jagdunterricht, welches Wetter sie mögen und welches nicht und dass es meist nicht mit unserem Empfinden einhergeht. Welche Deckungen mögen sie, wo halten sie sich am liebsten auf? Jetzt sehe ich: Oh, was für eine schöne Rehwildecke. Und meist sieht man, manchmal schon beim ersten Mal, sicher aber nach ein paar weiteren Besuchen einer Gegend, tatsächlich eine Ricke mit ihrem Kitz oder einen starken Bock austreten. Ist das nicht wunderbar, die Tiere ein Stück weit verstehen zu können?! Und hierfür muss man niemals den Weg verlassen, niemals sollte man das Reich der Tiere stören. Jetzt ist es für mich auch eine Selbstverständlichkeit, dass mein Hund Emma die Wege ebenfalls nicht verlässt. In der Brut- und Setzzeit sind frei laufende Hunde und Katzen eine wahre Katastrophe für alles, was gerade das Licht der Welt erblickt. Ich möchte am liebsten allen Haustierbesitzern raten, die Babyhasen, die Rehkitze, Wachteln, Rebhühner, Fasane und all die Singvögel zu schützen und ihre Tiere im Frühjahr unter Aufsicht zu halten. Die Hunde sollten an die Leine genommen werden und die Katzen am besten im Haus bleiben. Damit würde so vielen Tierbabys geholfen.

Ganz in Gedanken versunken habe ich inzwischen den größten Teil des Rundgangs hinter mich gebracht. Noch immer folgt mir Morgana auf Schritt und Tritt, mal fliegt sie ein paar Meter vor, mal lässt sie sich etwas zurückfallen. Manchmal ist sie sogar besonders motiviert und steuert unter großer Anstrengung einen besonders hohen Ast an. Der Ausblick von dort oben muss wunderbar sein, wie gerne würde ich die Welt nur für einen einzigen Tag durch die Augen eines Greifvogels sehen. Der scharfe Blick, das weite Farbspektrum, welches sie wahrnehmen können, und das Bemerken jeder klitzekleinen Bewegung – faszinierend! Ich beneide meine Herrscher der Lüfte und bin gleichzeitig dankbar, dass diese Tiere ein Teil von meinem Leben geworden sind.

Nach einer Stunde Wandern, mit Morgana, mir selbst und meinem Gedankenkarussell, bin ich fast wieder in der Falknerei angekommen.

*

Als ich wenige Tage später mit der Adlerdame Akira bei einem Außenauftritt auf dem Hoffest eines Apfelbauern unterwegs bin, fällt mir erneut das fehlende Bewusstsein vieler Menschen für die Lebewesen um sie herum auf, besonders wenn sie nicht mit ihnen rechnen. Wie immer auf einer solchen Veranstaltung habe ich die Tiere in einigem Abstand zu anderen Ständen – insbesondere natürlich dem Bratwurstwagen – hingesetzt, eine Absperrung gezogen und die Flyer mit Informationen über die Falknerei auf kleinen Boxen bereitgestellt. Auch heute dauert es nicht lange, bis sich witzige Momente ergeben. Viele Familien, Eltern und Großeltern mit noch mehr Kindern schlendern auf dem Weg zum Hof an uns vorbei. Die meisten von ihnen nehmen mich und die Tiere gar nicht wahr. Sie schauen dabei nicht einmal nur stur geradeaus, sondern teilweise sehen sie mir direkt ins Gesicht, auf den Baum hinter mir oder lassen den Blick einfach an mir und damit auch an den Tieren vorbeischweifen.

Dann ruft eines der vielen Kinder plötzlich: »Oma! Ein Adler!« Die Stimme des kleinen Jungen mit hellblauer Jacke überschlägt sich dabei fast.

»Was willst du denn schon wieder gesehen haben?«, fragt seine Oma, den kleinen, staunenden Kerl hinter sich herziehend. Die Frage ist rhetorisch, sie ist gedanklich wohl schon beim Federweißen.

»Da sitzt ein Adler!«, beharrt er weiter und reißt sich von der Hand seiner Oma los. Die alte Dame will nun doch wissen, was ihr Enkel meint, und folgt mit ihrem Blick dem ausgestreckten Finger des Jungen. Innerhalb einer halben Sekunde saugt sie panisch die Luft ein, taumelt zwei Schritte zurück und legt sich die Hand aufs Herz. »Ach du Schreck«, entfährt es ihr.

»Ist der echt?«, fragt sie mich dann.

»Natürlich ist der echt, Oma. Der bewegt sich doch!«, kommt der kleine Junge mir zuvor, und ich muss lachen.

»Ja, der ist echt. Das ist ein echter Weißkopfseeadler, unsere Akira«, erkläre ich Oma und Enkel.

»Was macht der denn hier?«, will der kleine Junge wissen. Sein Interesse gefällt mir. Ich liebe es, wenn Kinder sich für Tiere genauso begeistern können, wie ich es als kleines Mädchen tat.

»Der möchte dir heute zeigen, was Greifvögel so alles können und wie groß so ein Adler ist.« Ich weise noch auf die Vorführung in wenigen Stunden hin, und Oma muss ihrem Enkel versprechen, bis dahin wieder hier zu sein. Aber erst einmal ruft dann doch der Federweiße, und die beiden gehen weiter. Oma eilt schnellen Schrittes, der kleine Kerl dreht sich alle zwei Schritte nach Akira um. Ich muss lächeln. Ich kann schon gar nicht mehr mitzählen, wie oft Menschen beinahe auf die Greifvögel treten, bevor sie sie sehen. Kein Wunder, dass niemand ein Reh oder einen Bussard dort draußen sieht.

Mein neuer Gefährte

»Ich habe doch gar keine Zeit für so ein Kerlchen«, versuche ich noch meinen guten Freund Heinz von seiner Idee abzubringen, mir einen eigenen Wüstenbussard zu schenken. »Ich muss ihm täglich Freiflug bieten, Zeit mit ihm verbringen und ihn versorgen. Ich möchte nicht, dass es ihm an irgendetwas fehlt. Ich übernehme mich bestimmt. Und dann noch all das Wissen, ich würde bestimmt so viel falsch machen.« Ich jammere immer weiter, Heinz sieht mich etwas genervt an.

»Sandra«, sagt er mit einem strengen Blick, »du widmest deine gesamte Freizeit nun schon seit Jahren den Greifvögeln, du weißt, wie sie funktionieren, wie sie denken und was sie mögen und brauchen. Wenn jemand bereit ist, dann du! Du wirst keine Fehler machen, zumindest keine großen. Und kleinere Fehler gehören zum Lernprozess dazu, ihr zwei werdet voneinander lernen, und genau so soll es doch sein!«, belehrt Heinz mich, und er hat recht: Wovor genau habe ich eigentlich Angst? Ich habe schon so viele Vögel trainiert und geflogen, meine Freizeit gehört sowieso diesen Tieren. Folglich sind meine Bedenken nur Ausreden, weil ich mich etwas fürchte vor diesem großen Schritt.

»Heinz würde dir einen Vogel schenken? Sandra, das ist wunderbar! Davon träumst du doch jetzt schon so viele Jahre! Diese Chance solltest du ergreifen.« Typisch meine Mutter. Sie ist sofort Feuer und Flamme und verspricht, mich zu unterstützen.

Nachdem ich den Jagdschein erfolgreich gemacht hatte, hat auch meine Mutter sich zum Jagdkurs angemeldet. Meine Begeisterung, mein neues Wissen und meine Leidenschaft für die Natur hatten sie angesteckt.

»Ich möchte auch so viel über die Natur wissen wie du«, erklärte sie mir eines Abends. »Aber ich bin schon so lange aus der Schule heraus, ich weiß gar nicht, ob ich das schaffen würde.«

»Natürlich schaffst du das, Mama. Ich kann dir doch jederzeit helfen. Das Lernen macht riesig Spaß, weil es so spannend und aufschlussreich ist. Das ist wirklich ein ganz toller Prozess, vertrau mir. Du schaffst das locker, wenn du es nur willst.« Nun lag es auch einmal an mir, die bedingungslose Unterstützung, die ich ständig erfahre, zurückzugeben.

Meine Mutter bestand den Jagdschein mit Bravour. Die vielen, vielen Abende, die wir zusammen unsere heimischen Wildarten, Jagdrecht und Bäume und Pflanzen gebüffelt haben, zahlten sich aus. Ich bin unglaublich stolz, dass sie dieses selbst gesetzte Ziel so toll gemeistert hat. Es ist nie zu spät, sich Wünsche und Träume zu erfüllen!

»Ich könnte auch den Falknerschein machen, dann könnte ich diesen Vogel versorgen, falls du einmal nicht kannst oder krank bist«, schlägt sie nun vor, um mir weiter meine Sorgen zu nehmen.

»Das würdest du tun? Nur, damit ich einen eigenen Vogel haben kann?«

»Aber natürlich würde ich das tun. Ich finde deine Arbeit mit den Tieren so toll, der Falknerschein würde mir eine große Freude bereiten, es wäre sicher spannend für mich.«

»Danke, Mama. Du bist die Beste!« Wir umarmen uns minutenlang, denn es bedarf keiner weiteren Worte: Mein erster eigener Vogel wird schon bald bei uns einziehen.

Als es endlich so weit ist, bin ich unfassbar aufgeregt. Ich habe meinen zukünftigen Gefährten bisher nur auf Fotos gesehen und frage mich, wie er wohl ist. Ist er frech und ungestüm wie die Wüstenbussarde in der Falknerei? Oder ist er nett und freundlich?

Heinz führt mich ohne lange Rede direkt zu dem kleinen Bussard, der bei ihm im Garten schon auf einem kleinen Sprenkel, hockt.

»Hallo, kleiner Mann«, säusele ich dem Vogel entgegen. Ich gehe ein paar Schritte auf ihn zu und knie mich hin. Mindestens drei Meter trennen uns noch immer, ich weiß schließlich nicht, wie das Tier auf mich reagiert. Hat er möglicherweise Angst vor mir? Sicher ist sicher, ich will ihn schließlich nicht erschrecken.

»Nun sei doch nicht so zögerlich«, ruft mir Heinz von hinten zu. »Hast du etwa Berührungsängste?« Und tatsächlich ertappe ich mich dabei, den Vogel so andächtig und vorsichtig zu beäugen, wie ich es schon seit meinen ersten Wochen in der Falknerei nicht mehr bei einem Greifvogel getan habe. Erst recht nicht bei einem Wüstenbussard, einer Art, mit der ich inzwischen sehr vertraut bin.

»Nein«, kichere ich und versuche, möglichst unbeteiligt und professionell zu wirken. Warum eigentlich? Ich weiß es nicht. Ich will mein Gefühlschaos geheim halten, ich bin aufgeregt und nervös. Meine Nerven flattern und mein Magen macht Purzelbäume, trotzdem will ich neutral und abgeklärt rüberkommen.

Nun fasse ich Mut und gehe ein paar Schritte näher auf das Tier zu.

»Knöt knöt«, macht er, ein Geräusch, das ich inzwischen lieben gelernt habe. Es ist ein leiser Kontaktlaut des Tieres, mit Interesse und Neugier rein aus Kommunikationsgründen geäußert.

»Oh, wie süß!«, entfährt es mir lauter als beabsichtigt. Ich höre Heinz hinter mir laut lachen, schon längst hat er mich durchschaut, wahrscheinlich schon von Anfang an, meine Schauspielerei war vergebens. Er weiß genau, was er da angerichtet hat, weiß, wie nervös und gleichzeitig glücklich ich gerade bin.

»Freut mich, dich kennenzulernen, kleiner Freund. Ab heute gehören wir beide zusammen, ich taufe dich auf den Namen *Dexter*«, verkünde ich stolz im Angesicht des Vogels.

»Dexter! Hey!«, tönt mein Ruf durch die Nachbarschaft. Heute ist unser allererster gemeinsamer Freiflug. Ich erwarte noch nicht, dass alles perfekt abläuft, aber ich möchte ihm unbedingt schon die Möglichkeit geben, sich auszuprobieren. Mein neuer Freund sitzt auf einem fremden Dach, schaut von dort auf die Leckerei hinunter, die ich ihm immer wieder mit meinem dicken Lederhandschuh präsentiere, und gibt leise Pieptöne von sich. Ich stemme meinen rechten Arm in die Hüfte.

»Dex, was soll das?« Doch mein frustriertes Schnaufen wird von dem Kerlchen gekonnt ignoriert. Nach einer kleinen Trainingseinheit im heimischen Garten vor einigen Minuten hat er beschlossen, seinem Jagdtrieb zu folgen und einer vorbeifliegenden Elster nachzustellen. Natürlich sind die flinken Rabenvögel viel zu schnell und geschickt für den jungen Bussard, doch woher soll er das wissen? Die Elster ist Dexter ohne größere Probleme ausgewichen und davongeflogen, was ihn dazu veranlasst hat, das Dach des Nachbarn aufzusuchen, um dort zu sitzen und zu schmollen. Das hat er sich sicherlich anders vorgestellt. Das Piepen, das er dort oben von sich gibt, ist sein Kontaktlaut zu mir, er weiß, dass ich da bin, er weiß, was ich von ihm will. Doch Dexter sieht überhaupt nicht ein, sich nun auf meinem Handschuh niederzulassen. Es wäre ein Leichtes für ihn, denn von diesem Hausdach aus brauchte er keinen Funken Anstrengung, müsste nur die Schwingen öffnen und sich ohne einen einzigen Flügelschlag heruntergleiten lassen.

Dann kommt schließlich Bewegung in den Vogel: Dexter zuckt mit den Schwingen und startet. Doch was tut er da? Meinen Handschuh hat er nicht im Visier, stattdessen kreist er über mir und dem angrenzenden Waldstück und lässt sich auf dem Garagendach eines anderen Nachbarn nieder. Langsam werde ich ungeduldig. Trotz meines Wissens aus der Falknerei und durch meinen Jagd- und Falknerkurs stellt Dexter eine neue Herausforderung dar. Von Anfang an liegen Umgang, Training und jegliche Verantwortung komplett in meiner Hand. Entscheidungen nimmt mir keiner ab, es gibt keine Vorgaben eines erfahrenen Falkners. Bei Dexter muss ich mein Können ganz alleine beweisen. Ich fühle mich meilenweit davon entfernt, eine feste Vertrauenspartnerin im Leben des Vogels zu sein, obwohl genau das meine Aufgabe ist. Ich weiß, es ist ein langer Weg, und alles, was ich bisher in der Praxis gesehen und in der Theorie gelernt habe, soll ich nun bei meinem eigenen Vogel umsetzen. Dexter sitzt auf dem zwei Meter hohen Garagendach in greifbarer Nähe und vermittelt mir doch deutlich, dass er erst einmal dort sitzen bleiben wird. Er piept immer noch, das heißt, er möchte sich auch nicht weiter von mir entfernen. Aber die Welt ist für Dexter vorerst in Ordnung. Er sitzt gemütlich und hat einen guten Ausblick auf vorbeifliegende, dabei schimpfende und zeternde Rabenvögel, und ich stehe ganz in seiner Nähe, allein ist er also auch nicht.

Zwei Kinder aus der Nachbarschaft kommen vorbei und bleiben neugierig stehen.

»Ist der dir abgehauen?«, fragen sie mich.

»Nein«, antworte ich, »er ist ja noch da. Er ist nur gerade eingeschnappt und will nicht tun, was ich sage. Das kennt ihr bestimmt von zu Hause?«, frage ich mit einem Lächeln. Die Kinder lachen und starren weiter den Vogel an. Dexter hat zusehends Spaß an seinem Sitzplatz, auch er fühlt sich durch die Kinder bestens unterhalten, er fixiert und beobachtet die beiden sehr eindringlich. Seit sie neben mir stehen, würdigt Dexter mich keines Blickes mehr. Viel zu interessant findet er die bunt gekleideten, lachenden und redenden Kinder. Großes Kino für den Bussard.

»Dex, jetzt komm sofort da runter. Es reicht jetzt wirklich«, schimpfe ich mit meinem Harris's Hawk, als die Kinder weitergegangen sind, doch das interessiert ihn natürlich nicht. Wieder und wieder schwenke ich das kleine gelbe Eintagsküken, welches Dexters Abendmahlzeit darstellen sollte, sein Interesse daran hält sich allerdings in Grenzen. Frustriert und nahezu verzweifelt marschiere ich vor dem Bussard auf und ab. Er lässt mich nicht aus den Augen. Dann entferne ich mich einige Meter, diesen Trick habe ich in der Falknerei gelernt. Entfernt man sich von seinem Greifvogel, so denkt dieser, man verlasse ihn nun und ziehe ohne ihn von dannen. Da die Tiere unsere Gesellschaft aber doch zu schätzen wissen, möchten sie genau das nicht. Solange ich noch direkt in Dexters Sichtfeld stand, sah er sich nicht gefährdet. Nun bekommt er vielleicht schon Panik, draußen schlafen und sich mit den Krähen rumärgern zu müssen. Und dann ist da noch die Sache mit dem Jagen. Wenn er vor der Dämmerung nichts fängt, muss er hungrig ins Bett. Das ist für Greifvögel sehr ungesund. Die Tiere haben keine Fettreserven, von denen sie länger zehren könnten. Jeder hungrige Tag ist zunächst schlecht für den Greifvogel. Wenn er gemeinsam mit mir jagt, ist es entspannter: Machen wir keine Beute, gibt's trotzdem Futter. Die Welt ist in Ordnung. In der Natur bringt ihm keiner Abendessen, da wird es ernst. Und siehe da! Mein Plan geht tatsächlich auf, Dexter fliegt mir hinterher und landet neben mir im Baum. Nun halte ich ihm wieder die Faust mit Futter hin, und diesmal fliegt er schleunigst darauf zu und sichert sich so seine Mahlzeit für die Nacht. Erleichtert trage ich meinen Gefährten nach Hause.

Dexters Voliere haben Mama und ich mithilfe von Freunden in unserem Garten gebaut. Die Voliere hat verschiedene Äste, einen großen Stein und natürlich eine Brente, so nennt man die Greifvogelbadewanne. Außerdem ist das Dach an einer Stelle nur mit Draht verschlossen, sodass Dexter sich auch in den Regen setzen kann, wenn er das möchte.

Ich bin wirklich stolz auf dieses kleine Bauwerk und hoffe natürlich sehr, dass sich Dexter dort heimisch und zufrieden fühlt. Dexter und ich sitzen während unserer ersten Wochen oft stundenlang zusammen im Garten, damit wir uns aneinander gewöhnen können. Meine Ruhe strahlt von Tag zu Tag mehr auf den Vogel ab. Während Dexter ganz am Anfang noch sehr zögerlich und zurückhaltend war, blüht er nun herrlich auf. Er wirkt lockerer, entspannter als noch am ersten Tag. Seine Körperhaltung wirkt natürlicher, er beginnt oft schon nach wenigen Minuten, sich ausgiebig zu putzen. Wenn ein Greifvogel sein Gefieder pflegt oder ein Bein einzieht, sind das eindeutige Entspannungsmerkmale. Ein nervöser oder verängstigter Greifvogel würde so etwas niemals tun.

Zum Abschluss unserer gemeinsamen Zeit gibt es für Dex natürlich immer seine Atzung. Behutsam lege ich seine täglich variierende Ration Fleisch in den Lederhandschuh. Zur Auswahl stehen zum Beispiel Wachteln, Hähnchen, Mäuse, Ratten, Meerschweinchen und Kaninchen. Gierig greift Dexter in das Fleisch und fängt sofort an, es mit dem Schnabel klein zu reißen und hinunterzuschlucken. Greifvögel sind Schlingfresser, das heißt, sie kauen nicht, sondern reißen ihre Beute mithilfe von Fängen und Schnabel in kleine Fetzen und schlucken diese dann im Ganzen hinunter: Haut, Haare, Federn, Knochen – alles bleibt am Stück. Das Ganze geschieht bei den meisten Greifen auch blitzschnell, denn alles, was man einmal intus hat, kann einem kein anderer Greifvogel oder sonstiger Beutegreifer mehr streitig machen. Dexters Verhalten ist also das ganz normale Verhalten eines Bussards. Ich freue mich, dass er so gierig frisst, denn so kann ich mir sicher sein, dass alles in Ordnung ist.

Manchmal machen Dexter und ich auch längere Spaziergänge, auf denen ich ihn durchs heimische Revier trage. Über das Abtragen habe ich in der Falknerschule viel Theoretisches gelernt und weiß, dass die Spaziergänge dazu dienen, dem Greifvogel äußere Einflüsse wie zum Beispiel Radfahrer, Autos, laute Geräusche, spielende Kinder und alles, was einem sonst so dort draußen begegnen könnte, zu zeigen und ihm etwaige Angst davor zu nehmen. Bei Dexter gestaltet sich das Abtragen problemlos, er vertraut mir schon nach den ersten Tagen, fühlt sich sicher bei mir auf der Faust und zeigt sich unbeeindruckt von allem, was uns unterwegs so entgegenkommt. Im Revier begegnen wir natürlich vielen interessierten Spaziergängern, die mich mit Fragen löchern. Gerne und bereitwillig stehe ich Rede und Antwort, der Vogel putzt derweil sein Gefieder auf dem Handschuh stehend und zeigt mir damit deutlich, wie sehr ihn diese anderen Menschen interessieren.

Meine Angst, dem Tier nicht gerecht werden zu können, stellt sich mit der Zeit als unbegründet heraus. Jede freie Minute verbringe ich mit meinem Vogel. Ich bin unfassbar stolz auf mich und das Tier, und unsere Verbindung wird täglich stabiler, sodass ich irgendwann sein Training erweitern kann. Nach unserem ersten Ausflug, den ich mit ihm ganz am Anfang unternommen habe, stehen weitere Trainingsflüge im Revier auf dem Stundenplan des Bussards.

Nach den ersten erfolgreichen Übungsflügen habe ich die Distanz von Tag zu Tag erhöht. Dexter fliegt inzwischen sehr zuverlässig auch über große Entfernungen zu meinem Handschuh, nur um sich dort seine Belohnung abzuholen und sich gleich wieder in die Lüfte zu erheben.

Der tägliche Freiflug ist unerlässlich, um dem Greifvogel ein gesundes und artgerechtes Leben zu bieten. Durch das Flugtraining wird der Stoffwechsel angeregt und Muskulatur aufgebaut, und der Vogel bleibt fit und gesund. Ein bisschen neidisch bin ich schon, meine Sportlichkeit liegt weit hinter der von Dexter zurück.

*

Heiko und ich sind inzwischen enge Freunde, an einem Tag kommt er zu Besuch, und ich möchte zum ersten Mal die Freie Folge mit Dexter ausprobieren. Im Revier angekommen, setze ich Dexter auf einen Zaunpfahl und gehe ein paar Meter weiter.

»Dex. Du müsstest jetzt wohl mitkommen, das heißt Freie Folge, weil du mir folgen sollst«, versuche ich, dem Bussard das Prinzip zu erklären.

Dexter sitzt gemütlich auf seinem Zaunpfahl, sieht mich an, sieht Heiko an und mustert dann in Ruhe die Umgebung.

»Das scheint dein kleiner Freund aber anders zu sehen … das mit dem Folgen.« Heiko lacht und schlendert pfeifend ein paar Meter weiter. Ich greife in meine Tasche und ziehe ein Futterbröckchen heraus, irgendwie muss ich Dexter mitteilen, worum es hier gerade geht. »Dex, komm«, ich halte den Handschuh samt Futter in die Luft. Dex erspäht das Futter und startet sofort. Innerhalb von Sekunden hat er meinen Handschuh mit wenigen Flügelschlägen erreicht. So gehen Heiko und ich nun eine kleine Runde, immer wenn Dexter mir von sich aus folgt, gibt es etwas Leckeres, und wenn er trödelt, locke ich ihn mit Fleisch zu mir heran. Auf diese Weise werden diese Trainingseinheit und das Folgen zu etwas durchweg Positivem für das Kerlchen, denn bei Greifvögeln kann man niemals mit negativen Erfahrungen arbeiten, hierdurch würde die Vertrauensbasis zerstört.

»Der Wind wird stärker, wir sollten langsam zurückgehen, bevor Dexter noch vom Winde verweht wird«, bemerkt Heiko nun kritisch zum Wetter, aber er hat recht: Die Bäume beugen sich im Wind, meine Haare fliegen mir wild ins Gesicht. Bei heftigem oder ruppigem Wind muss der Vogel sehr geschickt fliegen, wird oftmals gegen sein eigenes Bestreben irgendwohin gedrückt. Wie sollte Dexter dieses Geschick schon haben? Windige Tage hatten wir in unserer kurzen Zeit zusammen bisher noch nicht.

»Das stimmt. So starken Wind kennt er noch nicht, das müssen wir noch lernen, dann lass uns umkehren.«

Ein weiteres Mal greife ich in meine Tasche, um Dexter zu mir zu holen. Mein kleiner Vogel startet und möchte zu mir fliegen, doch eine kräftige Böe erfasst ihn von hinten und schubst ihn förmlich über mich hinweg. Völlig unkoordiniert kämpft Dexter nun gegen die Böe an, Heiko und ich verfolgen das Treiben machtlos vom Boden aus. Mein Herz fängt an wie wild zu klopfen, denn ich mache mir wirklich Sorgen. Heftiger Wind kann einen so leichten Vogel wie Dexter kilometerweit gegen seinen Willen tragen, bis an einen Ort, von wo aus ein junger, unerfahrener Vogel nicht unbedingt nach Hause zurückfindet.

»Bleib ruhig, der schafft das schon«, versucht Heiko mich zu beruhigen. Nach einer großen Runde nähert sich Dexter wieder und landet wenige Hundert Meter entfernt in einer riesigen Fichte.

»Na, siehst du. Da sitzt er. Dann schauen wir mal, ob er es von dort oben zu uns herunter schafft.« Heikos ruhige Art färbt auch auf mich ab, ich bin froh, dass ich nicht alleine bin. Der Wind ist sehr stark, die Äste und auch Dexter werden hin und her geschüttelt. Ich lege ein Stück Hähnchen ein und halte meinen Handschuh hoch.

»Na komm, trau dich. Das mit dem Wind lernst du schon noch. Keine Sorge!«

Doch Dexter wagt es nicht, sich wieder in den Wind zu stürzen. Machtlos stehen Heiko und ich unter der hohen Fichte und sehen zu dem kleinen Bussard hinauf, während er von oben verzweifelt zu uns heruntersieht. Mehrmals sehe ich seine Schwingen zucken, er dreht sich in verschiedene Richtungen und Positionen, um den Wind abzuschätzen. Doch nichts hilft: Dex zögert immer wieder, zu unsicher ist er sich, zu präsent ist noch die Situation vor ein paar Minuten, als der Wind ihn als Spielball missbrauchte. Heiko hat inzwischen das Auto herangeholt, sein Plan ist es, höher an Dexter heranzukommen, sodass dieser nur noch eine geringe Distanz zum Handschuh überwinden muss. Ich klettere auf den Pkw und recke mich, um wenige Zentimeter zu wachsen, meinen Arm halte ich wieder Richtung Dexter. Der Vogel lässt sein bekanntes Fiepen ertönen: Er will unbedingt wieder herunterkommen, doch noch immer zögert er. Erneut rede ich auf ihn ein, rufe ihn und rede ihm gut zu.

»Dex, mein Schatz, du schaffst das. Jeder hat mal klein angefangen. Bitte trau dich.«

Nach wenigen Sekunden, die sich für mich wie Minuten, fast Stunden anfühlen, nimmt Dexter all seinen Mut zusammen und lässt sich über die deutlich kleinere Strecke zwischen mir und seinem Ast zum Handschuh fallen.

»Ohhhh Mann!«, seufze ich erleichtert und glücklich. »Wind ist wohl nicht Dexters favorisiertes Wetter«, scherzt Heiko, was ihm einen bösen Blick meinerseits einbringt. »Das muss er eben noch lernen«, nehme ich meinen Gefährten in Schutz.

Vertrauen ist alles

Es ist ein kalter, ungemütlicher und dunkler Wintersamstag, genau so, wie man ihn am liebsten in der Wohnung mit einer Tasse Kakao und der Lieblingskuscheldecke verbringt. Ich bin natürlich wieder in der Falknerei, so wie jedes Wochenende. Obwohl es nicht immer einfach ist und es teilweise Spannungen zwischen den Helfern und dem Chef gibt, liebe ich meine Arbeit hier – einfach, weil ich die Tiere so sehr liebe.

Heute wird uns ein neuer Helfer angekündigt, ich soll ihn in Empfang nehmen und herumführen. Als Ben durchs Tor tritt, weiß ich, dass wir uns nicht zum ersten Mal begegnen. Auf einem der Außenauftritte, die ich mit den Tieren der Falknerei regelmäßig unternehme, so wie auch der Auftritt bei dem Apfelbauern, haben wir uns bereits flüchtig kennengelernt. Ich war es, die ihm damals Weißkopfseeadlerdame Akira für ein Foto auf die Hand gesetzt hatte.

»Hi, ich bin Sandra. Wir kennen uns schon aus dem Umweltzentrum. Erinnerst du dich?«

»Na klar! Den Moment mit dem Adler werde ich wohl niemals vergessen. Das ist auch der Grund, der mich herbringt. Du hast mich sozusagen angefixt!«, erklärt er mir mit einem Zwinkern.

»Wie ist es dir ergangen? Was treibst du so, wenn du nicht gerade hier bist?«, fragt er mich weiter.

»Ich mache zurzeit eine Ausbildung zur medizinisch-technischen Laboratoriumsangestellten, eigentlich würde ich gern Medizin studieren«, erkläre ich ihm meinen derzeitigen beruflichen Stand. Die Ausbildung habe ich angefangen, um die Wartesemester zu überbrücken. Bald schon steht meine Abschlussprüfung bevor.

»Cool! Toller Plan, ich bin beeindruckt. Und am Wochenende bist du dann hier, ja? Na, dann zeig mir doch mal euer Reich. Ich kann's kaum erwarten.«

»Ja, genau. Okay, dann mal los. Ich führ dich rum.« Ich muss lächeln und freue mich über die Verstärkung im Team.

Während ich ihm die Volieren und ihre Bewohner zeige und erläutere, erzählt mir Ben von seiner Tätigkeit im Umweltschutzzentrum. Dort hat er auch ab und zu Kontakt zu Greifvögeln, allerdings zu wilden Pflegefällen, welche gesund gepflegt und auf die Wiederauswilderung vorbereitet werden.

»Total interessant, ich versorge hier auch oft die Pfleglinge«, beteuere ich.

»Na, dann sind wir ja schon mal zwei! Freut mich. Als ihr damals mit den Vögeln bei uns wart, das war schon ziemlich cool. Macht ihr solche Veranstaltungen eigentlich öfter?«

»Ja. Außentermine zählen hier zu unserem täglich Brot. Feste, Feiern und sonstige Veranstaltungen, überall sind wir gefragt. Die Tiere zeigen dann dort ihr Können. Wenn sie das von klein auf kennen, ist das gar kein Problem, da sie dem Falkner vertrauen.«

»Sehr cool. Ich freue mich schon riesig, mehr über all das hier zu lernen.«

»Das wirst du, ganz bestimmt.«

Nach der kleinen Tour beginne ich das Handling mit Ben genau so, wie Andrea es auch mir an meinem ersten Tag gezeigt hatte. Wieder ist Wüstenbussard Morgana unser Lehrvogel, da sie mit Abstand das freundlichste und geduldigste der Tiere in der Falknerei am See ist.

Ben macht auf Anhieb eine gute Figur, man merkt, dass er nicht das erste Mal mit einem Greifvogel zu tun hat, auch wenn sich die Tätigkeit hier doch von der in einer Auffangstation unterscheidet, wo er sich primär um verletzte Wildvögel gekümmert hat.

Von diesem Tag an sehe ich Ben jedes Wochenende in der Falknerei, Heiko und ich freuen uns über die Unterstützung im Team und den neu gewonnenen Freund. In den nächsten Monaten arbeiten wir viel zusammen, fahren zusammen zu unterschiedlichen Außenauftritten, darunter Schulen, Hochzeiten und Stadtfeste, und haben zu dritt eine ganz wunderbare Zeit. Wir wachsen zu einem engen Team zusammen. Im Umgang mit den Tieren wird Ben immer sicherer; auch er hat diese Bindung und diese Liebe zu den Tieren, die ich von Heiko kenne und bei mir selbst täglich spüre.

Mit der Zeit, Ben hilft nun schon seit fast einem Jahr in der Falknerei mit, stört allerdings auch Ben die schwierige und unangenehme Stimmung, die immer mehr Wellen in der Falknerei schlägt und mich selbst sehr betrübt und sichtbar bedrückt.

Er spricht mich eines Tages darauf an: »Ich helfe nebenbei seit einiger Zeit auch noch in einer anderen Falknerei in der Eifel. Möchtest du vielleicht mal mitkommen? Dort gibt es viel Neues zu lernen und zu entdecken, vielleicht tut dir der Abstand ganz gut?«

Ich freue mich riesig über diesen Lichtblick, denn ganz glücklich bin ich in der Falknerei am See nicht mehr, was auf viel Ärger und Stress zurückzuführen ist. Der Falkner und wir Helfer haben einfach eine unterschiedliche Vorstellung, was verschiedene Prozesse unseres Arbeitsalltags angeht.

»Oh, sehr gerne. Sprichst du etwa von Hellenthal?« Ich war schon einmal als Zuschauerin in dieser Falknerei, Hellenthal gehört für mich zur Meisterklasse unter den Falknereien.

»Ja, genau! Sie freuen sich dort immer über Helfer und noch mehr über Helfer, die schon Erfahrung haben.«

»Super. Dann komm ich sehr gerne mal mit.«

»Perfekt. Vorher möchte ich dir allerdings noch jemanden vorstellen. Jemand ganz Besonderen«, erwidert Ben überaus geheimnisvoll.

»Ach ja? Wen denn?« Meine Gedanken schwirren um diverse Personen, die er mir möglicherweise vorstellen möchte. Aber warum? Es ist nicht aus ihm herauszubekommen, also muss ich mich eben überraschen lassen, wie er es von mir verlangt. Ich bin unendlich gespannt und kann das verabredete Treffen am nächsten Wochenende kaum erwarten.

Ich treffe Ben in Neuss, seinem Heimatort. Wir umarmen uns schnell zur Begrüßung, dann möchte ich aber keine Zeit mehr vergeuden und die Überraschung sehen. Inzwischen bin ich darauf gekommen, dass es sich anstelle einer Person vielleicht um einen Vogel handeln könnte. Ich selbst bin mit meinem Dexter mehr als glücklich und zufrieden. Ich habe eine Ahnung, dass auch Ben nun stolzer Besitzer eines Vogels sein könnte. Vielleicht ist es auch ein Wüstenbussard? Oder ein Habicht? Habichte sind *die* Vögel schlechthin, wenn man aktiv die Beizjagd betreiben möchte. Sie sind schnelle und wendige Greifvögel, die perfekt auf eng bewachsenen Flächen ihre Flugkünste und Fähigkeiten einsetzen können. Zudem kennen sie keine Kompromisse, wenn es um Jagd geht: Habichte sind passionierte und erfolgreiche Jäger.

»Wen möchtest du mir denn zeigen? Ich ahne ja schon etwas. Ich nehme an, du bist nun nicht mehr alleine?«, frage ich ihn mit einem bedeutungsvollen Lächeln.

»Durchschaut! Dann komm mal mit, ich stelle euch vor.«

Er führt mich auf ein Gartengrundstück, welches von einem kleinen Zaun umgeben und direkt neben einem großen Feld gelegen ist. Ich betrachte die süße Gartenhütte auf dem Grundstück, während wir sie passieren und in den hinteren, abgegrenzten Teil des Gartens gehen.

In einer großen Voliere sehe ich – und ich kann es kaum glauben – einen Adler sitzen. Die Brust ist ein wenig weiß gesprenkelt, die Fänge sind leuchtend gelb, ansonsten ist das Tier kohlrabenschwarz.

»Ein Weißkopfseeadler?« Meine Augen müssen ungefähr die Größe von Orangen angenommen haben. »Du hast einen jungen Weißkopfseeadler?«

Ben muss lachen, ich gebe wohl ein witziges Bild ab. »Jep, darf ich vorstellen? – Milo.«

Ich trete näher an die Voliere heran und betrachte den niedlichen Jungadler auf seiner Holzstange. Milo sitzt völlig entspannt da, ein Füßchen hat er zum Beweis seiner Entspannung hochgezogen, es ist völlig vom Gefieder verdeckt. Eine akrobatische Meisterleistung, dich mich bei Greifvögeln immer wieder fasziniert. Es ist unvorstellbar für mich, dass es bequemer sein kann, nur auf einem Bein zu balancieren statt auf zwei. Doch so sind meine Lieblinge eben: immer für eine Überraschung gut.

Milo sieht mich mit seinen dunklen, klaren Augen an. Er wirkt sehr neugierig auf das unbekannte Gesicht und legt seinen Kopf schräg, er kann ihn fast einmal komplett drehen. Nun ist sein Kopf »auf dem Kopf«. Wie niedlich! Besonders Jungvögel drehen den Kopf von oben nach unten, wenn sie etwas Neues, Unbekanntes sehen. Ich bin hin und weg von dem süßen Adler.

»Oh mein Gott, wie wundervoll!«, finde ich nun endlich meine Sprache wieder. »Hallo, Milo! Freut mich, dich kennenzulernen«, sage ich zu dem Adler, während ich mein Gesicht am Volierendraht platt drücke.

Ben nimmt Milo aus seiner Voliere auf seinen Handschuh, drückt mir eine Tasche mit Futter in die Hand und führt uns beide hinaus aufs Feld. Der Adler dreht eine große Runde und lässt sich dann gemächlich auf einer Laterne nieder. »Lassen wir ihn mal machen. Er soll selbst entscheiden«, teilt Ben mir mit, und so stehen wir nun hier. Unter meiner stetigen Beobachtung breitet der Adler schließlich nach wenigen Minuten seine Schwingen aus, eine Sekunde lang verharrt er mit offenen Flügeln, so als sei er sich nicht sicher, was er nun tun soll. Und dann startet er.

»Er wird jetzt eine kleine Runde drehen, und dann rufst du ihn zu dir auf den Handschuh. Sein selbstständiges Kreisen möchte ich unbedingt belohnen«, trägt mir Ben auf. Ich halte den Arm hoch und weit von mir gestreckt, so wie ich es aus der Falknerei seit Jahren kenne. »Milo, hey!« Mein Ruf wird sofort erhört, und der Adler dreht sich, um sich in den Landeanflug auf meinen Handschuh zu begeben. Butterweich, unglaublich sanft, landet der dreieinhalb Kilo schwere Adler auf meinem linken Unterarm. Sofort greife ich zügig und hektisch nach den Geschühriemen, um sie in meine behandschuhte Faust einzuklemmen. Aus der Falknerei am See weiß ich, dass gerade Adler gerne mal in die Finger beißen, wenn man dies nicht schnell genug ausführt. Mit dem nun gesicherten Adler, so nennt man das Festhalten der Lederriemen, und weit ausgestrecktem Arm stehe ich vor Ben und sehe ihn an.

»So, Sandra. Jetzt lernen wir, wie man einen *netten* Adler fliegt.« Ben scheint sich köstlich über mich zu amüsieren. Seine Augen funkeln vor Belustigung. Was ist so witzig? Ich kann es mir nicht erklären.

»Warum lachst du denn?« Ich schaue ihn etwas pikiert an. Irgendwie fühle ich mich bloßgestellt. Immerhin war ich es doch, die ihm die Anfänge in der Falknerei vermittelt hat.

»Hey, nicht sauer sein. Du hast nichts falsch gemacht. Ich kenne doch die Adler, mit denen du bisher gearbeitet hast. Aber Milo ist anders. Du kannst ihm vertrauen. Ich meine, so *richtig* vertrauen«, versucht Ben meine Stimmung wieder einzufangen.

Vertrauen? Bisher habe ich das Wort zwar viel und gerne im Zusammenhang mit den Vögeln in der Falknerei am See gebraucht. Doch der tiefen Wahrheit, dem eigentlichen Wortsinn entspricht das im Grunde nicht. Vertrauen bedeutet auch, von den Tieren nicht ständig etwas befürchten zu müssen, und dies war bisher außer bei Dexter für mich noch nicht der Fall. Es ist immer eine Unsicherheit dabei, eine Distanz zwischen mir und dem Tier bleibt bestehen. Einige Male bin ich von den Adlern in der Falknerei am See sogar leicht verletzt worden.

Und nun verlangt Ben von mir völlig Unbekanntes: dem Adler einfach nur zu vertrauen. Es fällt mir unglaublich schwer, noch immer halte ich das Tier auf Abstand. Die dreieinhalb Kilo machen sich langsam bemerkbar, doch ich verziehe keine Miene.

»Pass mal auf …« Bens Stimme ist ruhig und einfühlsam, vorsichtig nimmt er meinen Arm und schiebt ihn behutsam näher an meinen Oberkörper. Der Ellenbogen berührt jetzt meine Seite, mein Oberarm liegt am Brustkorb an. So nah an mir und an meinem Gesicht habe ich noch nie einen Adler getragen! Unsicher drehe ich mich intuitiv von Milo weg, bringe mein Gesicht wieder auf Abstand. Mit großer Nachsicht überzeugt mich Ben, dass ein Mensch von seinem Adler nichts zu befürchten haben sollte.

»Sandra. Mach die Augen zu, und verlass dich auf das, was ich sage. Dir wird nichts passieren. Hab Vertrauen in mich und Milo.«

Ein letzter Blick in Bens Augen, meinem kritischen und möglicherweise auch ängstlichen Blick hält er stand, und ich schließe die Augen. Ich spüre Bens Hände an meinem Körper, frage mich, ob er spürt, wie ich zittere, und merke, wie er meinen Kopf wieder gerade positioniert und mich in eine aufrechte Haltung bringt.

»Halte die Augen noch geschlossen, aber stell dich gerade und ganz entspannt hin«, weist er mich mit ruhiger Stimme an. Die Ruhe, die er ausstrahlt, färbt auf mich ab. Ich vertraue den beiden und tue, was Ben sagt. Langsam gelingt es mir, mich zu entspannen, ich fühle mich sicher. Das Zittern schwindet aus meinen Gliedern, und ich bin ganz ruhig.

»Super. Und jetzt: Bleib genau so stehen, und mach die Augen auf!«

Ich blinzle gegen die Helligkeit der Sonne an. Sofort sehe ich nach links, und mein Blick trifft auf Milos. Seine Augen wirken wie Glaskugeln, sie sind unglaublich klar, rund um die schwarze Pupille sind kleine hellere Sprenkel in der ansonsten eher dunkelgrauen Farbfläche zu sehen. Ich bin so perplex, mir fehlen die Worte. Noch immer kommt nicht ein Wort über meine Lippen, denn so nah war ich einem Adler noch nie in meinem Leben. Ich kann jeden mikroskopisch kleinen Teil seiner Regenbogenhaut sehen, wie gefangen verliere ich mich in seinen Augen.

»Wow.« Mein erstes Wort. Dann hat Milo genug von unserem Blickkontakt, er schaut wieder in Richtung Feld. Wahrscheinlich fragt er sich, was die Verzögerung im Programm soll.

»Siehst du? Er tut dir nichts. Du hast nichts, absolut gar nichts von diesem Adler zu befürchten.« Ich nicke und sehe Ben tief in die Augen. Neben meinem Vertrauen in seinen Adler spüre ich auch meine Zuneigung zu Ben in mir wachsen. Mir wird klar, wie sehr mir seine Berührungen gefallen haben und wie die Angst davor, mich auf sie einzulassen, genau wie die Angst vor dem Adler immer mehr weicht.

»Nun, das war Schritt eins«, unterbricht er meine Gedanken.

»Schritt eins? Was kommt denn noch?« Ich bin sichtlich verwirrt.

»Vertrauen!« Ben hebt nur die Augenbrauen und sieht mich eindringlich an. Ich habe verstanden. Keine Fragen mehr, einfach nur vertrauen. Ben greift nach meiner rechten Hand und legt sie behutsam auf die Brust des Adlers. Es ist das erste Mal, dass ich einen Adler so berühre und mir sicher bin, absolut nichts von dem Tier befürchten zu müssen. Ich lege meine Hand an seine dunkle, weiß gesprenkelte Brust, fühle das weiche und doch feste Gefieder, spüre seinen Herzschlag und die schnelle Atmung nach seinem Flug über das Feld. Ich taste nach dem Brustbein, hier setzt bei Vögeln die Flugmuskulatur an, und man kann als erfahrener Falkner sofort spüren, wie viel Muskulatur ein Vogel besitzt. Bei Dexter mache ich das regelmäßig, doch noch nie hatte ich die Chance, das Brustbein eines Adlers ertasten zu können. Bei Milo spüre ich nun erstmals die kräftigen Muskeln, welche für das Fliegen verantwortlich sind.

»Und jetzt berührst du seine Fänge«, erklärt mir Ben. Zunächst zögere ich. Doch dann überwinde ich meine Scheu und lege in Zeitlupe einen meiner Finger auf Milos Zehe. Der Adler sieht nach unten auf meinen Finger, wieder legt er den Kopf so niedlich schief. Offenbar verwirre ich dieses unschuldige Geschöpf; der Gedanke, mich zu verletzen, scheint nicht mal im entferntesten Sinne im Kopf des Adlers zu existieren. Nun befühle ich seine starken Fänge eingehender, schiebe meine Finger auch unter seinen Fuß. Zum ersten Mal in meinem Leben spüre ich die raue Haut eines Seeadlerfanges, betaste jede Erhebung, jede Zeichnung seiner kräftigen, gelben Füße. Das Gefühl ist einmalig, unvergleichlich! Ich bin völlig perplex und fasziniert zugleich. Meine Liebe zu diesen Tieren wächst gerade noch einmal um ein Vielfaches auf ein Ausmaß, das ich bisher nicht für möglich gehalten hätte.

Milo hat seinen Blick inzwischen wieder mir zugewandt, nun fragt er sich wohl langsam, was für eine seltsame Person ich doch bin. Ich bin immer noch wie gefangen, meine Angst und meine Bedenken sind verflogen, und so zucke ich nicht einmal, als Milos Schnabel meine Nase berührt. Ich spüre seinen Speichel an meiner Nase und rieche seinen Atem. Das nenne ich Adlerspüren mit allen Sinnen!

Mit Dexter habe ich, seitdem er bei mir ist, eine intensive und innige Beziehung aufgebaut, nichts kann uns beide als eingeschweißtes Team auseinanderbringen, auch meinem Dex vertraue ich blind. Doch diesem Adler so nahe zu sein, ihn mit all meinen Sinnen wahrzunehmen gibt meinem Dasein als Falknerin noch einmal einen ganz anderen Charakter, es ist eine neue Dimension. Dank Milo weiß ich nun, was es heißt, einem Adler vollumfänglich zu vertrauen.

TEIL ZWEI

Können Träume wahr werden?

Von Höhen und Tiefen

Es ist strahlender Sonnenschein, die Singvögel zwitschern, ich habe meine große Sonnenbrille auf und blicke mich gelassen um. Das Versprechen von Ben, mich einmal mit in die Greifvogelstation Hellenthal in der Eifel zu nehmen, liegt nun einige Wochen zurück. Inzwischen habe ich meine Tätigkeit in der Falknerei am See schweren Herzens aufgegeben, zu sehr haben mich dort einige Dinge belastet und betrübt. Durch den in Hellenthal wiedergewonnenen Umgang mit den Greifvögeln bin ich hier gerade so glücklich wie schon lange nicht mehr.

Die Station ist so aufgebaut, dass die große Flugwiese in der Mitte von den Sitzplätzen der Greifvögel umgeben ist. Zufrieden sehe ich die einzelnen Tiere an, schaue in ihre Gesichter und atme so tief ein, bis sich meine Lungen weigern, noch mehr Luft aufzunehmen. Vom Duft des Glücks und der Freiheit kann ich in diesem Moment gar nicht genug bekommen.

Ben hat hier in Hellenthal eine Stelle als Falkner angeboten bekommen, und ich bin fast ein bisschen neidisch. Jeden Tag mit Greifvögeln arbeiten? Das muss das Paradies auf Erden sein. Er ist nun nicht mehr ehrenamtlich tätig, sondern fest angestellt, weswegen er bald in die Eifel umzieht. Nach dem Abschluss meiner Ausbildung habe ich in diesem Sommer während meiner Jobsuche viel Zeit und beschließe kurzerhand, bei Ben einzuziehen. So kann ich den Vögeln in der neuen Falknerei und meinem Freund nahe sein. Die Idee zeichnet sich schnell als richtig ab, Ben und ich sind sehr glücklich in unserer kleinen gemeinsamen Wohnung, und ich bin beinahe täglich in der Falknerei und helfe fleißig mit. Die Vögel in Hellenthal sind wahre Goldschätze, sehr entspannt, freundlich und respektvoll, wie ich es bisher nur von Milo und Dexter kenne. Auch im Team fühle ich mich vom ersten Tag an herzlich aufgenommen und akzeptiert. Wie selbstverständlich albere ich mit den Helferinnen und Helfern herum, was für ein tolles Gefühl! Ich kann mich hier voll und ganz fallen lassen.

»Meine sehr verehrten Damen und Herren, ich heiße Sie recht herzlich willkommen«, tönt es aus den Lautsprecherboxen.

Das mittägliche Flugprogramm hat begonnen, und ich bin ein Teil davon.

Ich kann immer noch nicht glauben, dass ich mich hier zu den Helfern zählen darf, fühle mich gleichzeitig stolz und geehrt.

Der Cheffalkner und Inhaber, von allen nur Karli genannt, ist ein kleiner, kräftiger, sehr sympathischer Mann Ende fünfzig. Er spricht routiniert seinen Text in das Mikrofon, während seine Tochter einen rasend schnellen Falken auf das Federspiel fliegt. Hierbei handelt es sich um eine Beuteattrappe, die an einer langen Schnur durch die Luft gezogen wird und für den Vogel eine Beute simuliert.

Es zischt, als der pfeilschnelle Falke dicht an meinem Kopf vorbeisaust, die Augen nur auf seine Beute gerichtet. In letzter Sekunde zieht die Falknerin die Attrappe weg, denn auch in der Natur würde sich ein Beutetier nicht einfach ergeben, und der Falke schießt vorbei, nur um in einer engen Runde direkt den nächsten Angriff zu wagen. Dieser spielerische Jagdflug endet grundsätzlich erfolgreich für den Falken, nach wenigen Minuten darf das Tier seine Beute schlagen und landet schwer atmend auf der Mitte der Wiese.

»Falken sind die schnellsten Tiere der Welt; der in Deutschland beheimatete Wanderfalke schafft Geschwindigkeiten von über dreihundertfünfzig Stundenkilometern im Sturzflug!« Karli kommentiert den Flug des Falken actionreich und spannend.

Nach dem Falken kommen noch andere Greifvögel, verschiedene Bussarde und auch Eulen, zum Einsatz und zeigen ihr Können.

Mein Herz klopft wie wild, während ich mit Dexter, den ich seit dem ersten Tag mit in die Falknerei bringen darf, auf die Flugwiese laufe. Hier fliegen die Wüstenbussarde als Kompanie, genau wie sie es in der Natur auch in ihren Familienverbänden tun. Ich fliege nun schon so lange einen Wüstenbussard vor Publikum, und trotzdem bin ich unglaublich nervös, weil hier alles einfach nur aufregend ist. Das Publikum ist mindestens viermal so groß, wie ich es aus der anderen Falknerei kenne, und ich möchte natürlich keinen Fehler machen.

»Wüstenbussarde sind die einzigen Greifvögel, die in einer Gruppe leben, jagen und sogar ihre Jungtiere gemeinsam großziehen«, erläutert Karli im Hintergrund den staunenden Besuchern.

Die anderen Helferinnen und Helfer fliegen gleichzeitig auch alle jeweils einen Wüstenbussard, insgesamt sind wir zu viert. Und dann stellen sich meine Sorgen als unbegründet heraus, denn alles klappt problemlos und Dexter fügt sich großartig in die Gruppe ein, fast so, als würde er die anderen

Vögel schon jahrelang kennen. Gekonnt steuert Dexter das Dach des Volierenkomplexes an, um sich von dort wieder zielstrebig über die Köpfe der Besucher hinweg auf meinem Handschuh niederzulassen. Ich bin ganz schön stolz auf meinen Schatz!

Nach diesem ersten Teil des Programms geht es über zum zweiten Teil, für welchen sich das Publikum an das andere Ende der Anlage begeben muss. Hier eröffnet sich ein wundervoller Blick auf einen großen See, über dem im Sommer eine unglaubliche Warmluft, auch Thermik genannt, für die Vögel herrscht! In diesem zweiten Teil kommen die Adler und Geier an die Reihe.

Durch das gute Wetter und den strahlenden Sonnenschein erwärmt sich die Luft und steigt nach oben. Die großen Segelflieger sind in der Lage, sich von dieser aufsteigenden Luft wie in einem Aufzug ebenfalls nach oben tragen zu lassen.

Ich schnappe mir wie verabredet einen der Adler, einen Andenadler, und trage ihn hinunter an die Kante zum See.

Ein Schnalzgeräusch ertönt über den Boxen, unser Zeichen, dass Chef Karli bereit ist für Teil zwei. Die anderen Helfer und Falkner haben auch alle jeweils einen der Adler auf der Faust, und zusammen haben wir alle nur auf dieses Zeichen gewartet.

Nacheinander lassen wir die Tiere, Weißkopfseeadler, europäische Seeadler, Andenadler, Kaiseradler und einen Mönchsgeier, in Richtung See starten. Routiniert und zielstrebig fliegt der Trupp Greifvögel hinaus zum Wasser, um nach geeigneten Thermikquellen zu suchen.

Während in der Falknerei am See alle Tiere immer einzeln flogen, fliegen sie hier in Hellenthal zu mehreren in Gruppen zusammen. Auch das Erreichen von größeren Höhen erlebe ich hier zum ersten Mal. Unbedingt möchte ich lernen, wie man das als Falknerin mit den Tieren trainieren kann. Welch unglaubliche Bindung muss zu den Tieren bestehen, dass sie jeden Tag Hunderte Meter hoch in den Himmel steigen und dann auf Zuruf wieder zurückkommen. Ich muss unbedingt lernen, wie man das macht, ich bin so fasziniert davon. In der Falknerei am See blieben die Tiere stets in der Nähe, weite oder hohe Ausflüge gab es nicht.

»Willkommen zurück. Nun haben wir unsere Adlerflugstaffel gestartet und müssen uns nur wenige Minuten gedulden, bis die Tiere auf viele Hundert Meter den Himmel erklommen haben.« Karlis Stimme dröhnt aus den Lautsprechern und hallt von den umliegenden Bäumen wider. Mein Herz klopft wie wild, denn die Situation ist unfassbar aufregend. Welcher Adler kommt zuerst wieder in Sicht? Welcher Adler wird zuerst vom Himmel fallen? Wird der Adler den Falkner auswählen, der ihn ruft, oder doch lieber bei jemand anderem landen? Greifvögel können hierbei erstaunlich kreativ werden: *Da steht der Falkner und schaut in die komplett andere Richtung? Na, der wird schon merken, dass ich da bin.* – Und schon kommt der Vogel rasant herangestürzt, die umliegenden Falkner rufen nur laut: »Vogel im Anflug!«, und in letzter Sekunde nimmt der angesteuerte Falkner den Arm hoch, um dem Vogel das Landen zu ermöglichen. Falls man zu langsam ist und den Arm nicht rechtzeitig hochnimmt, landet der Adler kurzfristig auf dem Boden neben einem oder im Baum. So heißt es also immer: Volle Konzentration! Die Gedanken dürfen nicht abschweifen. Jede Träumerei kann zu einem Fehler führen, und wenn zehn Adler gleichzeitig am Himmel stehen, sollten einem keine Fehler passieren.

So warten wir hier also, neben uns das Publikum, vor uns der Stausee.

»Durch Thermik oder Wind benötigen die Segelflieger, sprich Adler, Bussarde, Milane oder Geier, keinerlei Energie. Flügelschläge kosten Energie, aber wenn Wind und Thermik den Vogel tragen, ist das für ihn Entspannung pur!« Wieder erläutert Karli alle wichtigen Fakten, während wir auf das Erscheinen des ersten Adlers warten. »Und da, meine sehr verehrten Damen und Herren, sehen Sie den ersten Adler über dem See kreisen.« Karlis Stimme wird lauter und aufgeregt. Ich suche den See ab, und tatsächlich: Ganz klein kann ich einen Vogel ausmachen, welcher Runde um Runde höher in den Himmel steigt. Wir warten noch ein paar Minuten, während ich mindestens genauso gespannt und fasziniert wie das Publikum die weit entfernten Adler beobachte.

Kurze Zeit später ist es so weit: Der europäische Seeadler ist der erste, welcher hoch am Himmel genau über uns seine Kreise zieht. Ich fühle mich demütig hier unten am Boden, während ich meine Augen mit der Hand abschirme, um den riesigen Vogel besser beobachten zu können. Noch nie habe ich etwas Eindrucksvolleres gesehen als diesen Adler oben in den Wolken.

»Aus dieser Höhe ist der Adler in der Lage, am Boden die Größe einer Streichholzschachtel zu erkennen«, ergänzt Karlis Kommentar meine Gedanken, und ich muss lächeln. Seine Stimme wird plötzlich lauter, hektischer: »Und da kommen noch weitere Adler in Sicht. Werfen Sie einen Blick nach oben, direkt über uns wird der europäische Seeadler noch von zwei Andenadlern begleitet! Nun heißt es: Wer macht das Rennen? Alle Augen nach oben, lassen Sie die Adler nicht mehr aus Ihrem Blick!«, und Sekunden später: »Los, ihr drei! Top!« Das

Startsignal für die beiden Andenadler. Die Tiere kennen ihre Falkner-Bezugsperson in- und auswendig, kennen jede ihrer Bewegungen und erkennen ihren Ruf. Die kleineren, schnelleren Andenadler, ursprünglich beheimatet im Hochgebirge Südamerikas, zählen zu den schnellsten unter den Adlern, und genau das zeigen sie nun auch, während sie den größeren, schwerfälligeren Seeadler hinter sich lassen. Nun geht alles in Sekundenschnelle: Einer der Andenadler hat sich einen gewissen Vorsprung erarbeitet, stürzt unfassbar schnell wie ein Tropfen vom Himmel, und in letzter Sekunde wirft Karli ein Küken mit aller Kraft in die Luft. Während der erste Andenadler das Küken halb rückwärts mit seinen Fängen aus der Luft fängt und dabei einen Salto vollführt, landet nur Millisekunden später der Seeadler, welcher ebenfalls mit eng angelegten Flügeln vom Himmel herabgefallen ist, auf Karlis Handschuh. Genau im selben Moment zischt der zweite Andenadler vorbei und fängt ebenfalls seine Beute in der Luft. Was für eine Action! Wow! Ich bin sprachlos und atemlos, Karli hat sich mit einer ungeahnten Geschwindigkeit bewegt, so schnell, ich kam gar nicht hinterher. Man merkt, dass in dem, was er tut, und in der Interaktion mit den Vögeln eine Verbundenheit und innige Beziehung zu den Tieren liegen. Es fasziniert mich sehr: Ich wünsche mir, dass ich irgendwann selbst einmal eine solch enge Bindung zu einem Adler haben werde.

Nach und nach erscheinen auch die übrigen Adler am Himmel über uns. Dort oben sind die Tiere frei, frei in ihren Entscheidungen, frei in dem, was sie tun. Wir hier unten am Boden haben keinerlei Einfluss, wir sind auf den Rang eines Zuschauers verwiesen worden. Wieder ergänzt Karlis Kommentar meine Überlegungen: »Ob die Vögel auf Zuruf zum Falkner kommen, weiter auf tausend Meter am Himmel segeln oder erst mal eine Tasse Kaffee trinken gehen, das entscheiden die Tiere ganz allein.« Genau das liebe ich so an der Arbeit mit den Vögeln: Kein Zwang, keine Leinen, absolut nichts zwingt die Tiere, bei mir zu bleiben. Einzig Vertrauen, Freundschaft und Kameradschaft festigen diesen einzigartigen Bund zwischen Greifvogel und Falkner, den keiner so leicht zu sprengen vermag.

Einer nach dem anderen fallen die großen und kleinen Adler wie Steine vom Himmel, alles klappt wie geplant: Alle Helfer und Falkner empfangen *ihren* Vogel unten am Boden. Ich bin süchtig nach diesem Gefühl, welches seinen Höhepunkt in dem Moment erreicht, wenn der Adler mich fixiert und von hoch oben am Himmel beginnt, auf mich zuzurasen, um in allerletzter Sekunde butterweich und sanft auf meinem Arm zu landen. Die Tiere zeigen dabei Loopings, kippen über eine Seite oder entscheiden sich einfach nur für einen senkrechten Sturzflug. Aus dem Publikum hört man ein einziges Raunen und Stöhnen, diese Show bekommt man so in Deutschland kein zweites Mal geboten!

Zum Schluss verabschiedet sich Karli von dem Publikum, während wir die Adler in ihre Volieren bringen. Tosender Applaus ertönt und ist für mich der Moment, in dem die Anspannung von mir abfällt.

*

Am Ende des Sommers beginne ich eine Stelle in einem Krankenhaus ein paar Orte weiter und arbeite in Vollzeit in einem Labor.

Die vielen Nachtschichten, Wochenenddienste und der Stress durch den Personalmangel schlagen sich schnell auf meine Stimmung nieder. Manchmal wache ich auf und weiß nicht, ob es nun Tag oder Nacht ist, ob ich zu Hause oder bei der Arbeit bin.

An jedem freien Tag bin ich aber nach wie vor in der Falknerei in Hellenthal oder helfe im angeschlossenen Wildpark aus. Hier leben neben den Greifvögeln auch verschiedene Wildarten wie Füchse, Enten, Mufflons und die Hirscharten Rot-, Dam- und Sikawild. All diese heimischen Arten gilt es ebenfalls tagtäglich zu versorgen, damit die Besucher auch weiterhin in der heimischen Natur abtauchen können. Es macht riesig Spaß, hier auszuhelfen, da ich so die Natur mit meinem Wissen aus dem Jagdschein den Besuchern wieder näherbringen kann. Gerade die Kinder, unsere Naturschützer von morgen, hören meinen Erklärungen zu den Wildtieren gebannt zu. Wildparks helfen dabei, dass der Kontakt zur heimischen Fauna nicht gänzlich abreißt, denn nur durch das Sehen und Verstehen kann man eine Tierart langfristig auch schützen. Hier und vor allem auch bei den Greifvögeln versuche ich trotz der Strapazen in meinem Job so viel Zeit wie möglich zu verbringen. Doch in diesen Monaten merke ich, dass die Anstrengung so sehr an mir zehrt wie noch nie und dass mich die Verteilung meiner Energien nicht glücklich macht. Ich sehe Ben, der seine gesamte Zeit den Tieren widmen kann, und wünsche mir immer mehr, dass dies bei mir auch möglich ist.

»Ich kann nicht mehr«, seufze ich und schaue Ben aus traurigen Augen an.

»Sandra«, Ben sieht mich eindringlich an, »wenn dich das so sehr an den Rand eines Abgrundes treibt, dann solltest du überlegen, ob der Job noch das Richtige für dich ist.«

Mein eigentlicher Plan sieht vor, Medizin zu studieren. Die Tätigkeit als medizinisch-technische Angestellte soll mich darauf vorbereiten. Wie viele Semester ich auf einen Studienplatz in diesem Fach noch warten muss? Ungewiss.

»Und dann? Einen Studienplatz bekomme ich noch nicht, eine Alternative habe ich nicht«, erkläre ich ihm völlig frustriert und den Tränen nah. Meinen eigentlichen geheimen Wunsch, selbst als Falknerin zu arbeiten, am besten sogar in einer eigenen Falknerei, wage ich zu diesem Zeitpunkt noch nicht laut auszusprechen. Ich habe von diesem Gedanken bisher noch niemandem erzählt. Zu absurd, zu hoch gegriffen würden diese Worte klingen in dem Moment, in dem sie meinen Mund verließen. Die Arbeit in Hellenthal in den vergangenen Monaten hat den Wunsch in mir wachsen und reifen lassen, doch in diesem Moment fühlt es sich nicht wie eine reale Option an, obwohl ich jedes Mal, wenn ich daran denke, ein Kribbeln im Bauch und ein unglaubliches Glücksgefühl verspüre.

»Natürlich hast du Alternativen. Es gibt immer Alternativen! Ich weiß, dass Medizin dein großer Wunsch ist, aber vielleicht ist es an der Zeit, davon abzurücken.«

In dieser Nacht schlafe ich unglaublich schlecht. Ich wälze mich hin und her, meine Gedanken und Träume sind wirr und ohne Sinn. Sollte ich meinem Plan den Rücken zuwenden? Seit ich denken kann, fühle ich mich der Medizin zugetan. Aber nun leidet mein ganzes Privatleben. Ich habe kaum noch Zeit für die Tiere, kaum noch Zeit für meinen Freund, kaum noch Zeit für mich selbst. Möchte ich diesen Weg überhaupt noch gehen? Selbstständige Falknerin zu sein male ich mir immer wieder aus, und jedes Mal kommt dieses wunderschöne Kribbeln.

In den nächsten Wochen recherchiere ich viel und gehe in mich, auch das Kribbeln nehme ich häufig wahr und genieße es. Ich erzähle allerdings niemandem davon, noch nicht einmal Ben. Dann steht mein Entschluss fest: Ich widme mich einem Studium und werde den Job an den Nagel hängen. Der Stress und die Selbstzerstörung müssen einfach aufhören. Betriebswirtschaftslehre soll es sein, denn mit einem BWL-Studium und meiner Ausbildung wäre mir der Weg in die Verwaltungsebene von Krankenhäusern garantiert offen. Worüber ich nicht spreche: In diesem Studiengang werde ich lernen, worauf es bei einer Selbstständigkeit ankommt. Der Traum von meiner eigenen Falknerei schwebt irgendwo ganz oben am Himmel, fast so hoch wie die Adler über dem See, und ich will danach greifen, aber er ist noch zu weit entfernt. Meine Intuition sagt mir, dass er vielleicht eines Tages im steilen Landeanflug auf mich zurauschen wird, wenn nur genug Vertrauen besteht.

Ich bin froh, einen neuen Plan zu haben, denn ich gehöre schon seit Kindheitstagen zu den Menschen, die immer einen Plan brauchen, die ungern Risiken eingehen und sich noch weniger gern ins Ungewisse stürzen. Ein bisschen ironisch ist es schon im Hinblick auf den Traum, den ich gerade in die Wolken male.

Krähenfedern

Bei der Jagd auf Krähen, die ich regelmäßig mit Dexter übe, binde ich zunächst auf das sogenannte Krähenfederspiel eine kleine Futterportion. Immer, wenn Dexter auf die am Boden liegenden Krähenflügel, die mir als Beuteattrappe dienen, fliegt und sie ergreift, wird er direkt durch das Fleischstückchen in seinem Tun bestätigt. Dass er die Schwingen überhaupt anjagt und auf sie zusteuert, muss ich ihm nicht zeigen. Alle Greifvögel sind Raubtiere, sie sind nicht domestiziert wie Hund oder Katze und haben noch zu einhundert Prozent ihre Instinkte und Triebe. Man nutzt die Schwingen oder das Fell des Tieres, das man später gerne jagen möchte, zum Beispiel ein Kaninchen, und stimmt den Vogel damit auf eine bestimmte Wildart ein. Dieses Training ist auch deshalb sehr wichtig, weil der Vogel lernt, seine Beute zielgenau zu greifen.

Und nun wagen wir beim Üben der Krähenjagd den nächsten Schritt: Ben stellt sich mit den Krähenschwingen an einer langen Schnur auf ein Feld und dreht sie, um den Eindruck einer fliegenden Krähe zu simulieren. Ich habe Dexter vom Rand des Feldes fliegen lassen, und er hat keine Sekunde gezögert: Er beschleunigt und fliegt zielstrebig auf Ben zu, nur um die Krähenschwingen sofort spektakulär in der Luft zu greifen und damit zu Boden zu fliegen. »Jawoll!«, rufe ich Ben über das halbe Feld zu. »Genau so geht das!« Schnell jogge ich hinüber zu den beiden. Dexter sitzt mantelnd und breitbeinig sichtbar stolz auf seiner »Beute«. Um ihn herum liegen jede Menge Krähenfedern.

Und ich bin mindestens genauso stolz auf mein Vögelchen wie er auf sich selbst.

»Ich hole noch Balu dazu«, erklärt mir Ben, während ich neben Dexter hocke und ihm das Fleisch ein bisschen festhalte, damit er besser fressen kann. Balu ist ein zwölf Wochen alter Schweißhund, und er ist, genau wie wir, neu in unserer Wohnung in der Nähe von Köln. Er bereichert vom ersten Tag an unser Leben. Der kleine Mann steckt voller Energie, Tatendrang und Lebenslust.

Als Ben vor einigen Wochen die Chance erhielt, im Kölner Zoo zu arbeiten, bot sich der Umzug an, da ich selbst zur Uni nach Köln musste und das Pendeln damit beendet war. Zwar blutete mein Herz vor Wehmut bei dem Abschied von den Greifvögeln in Hellenthal, doch der geheime Wunsch, selbst etwas auf die Beine zu stellen, ist noch immer ungebrochen und lebt durch den Standortwechsel ins Rheinland neu auf. Wir haben hier mehr Platz, ein großer eigener Garten steht uns zur Verfügung, und wir besitzen schon zwei Vögel und nun auch einen Jagdhund, welcher für einen Falkner unbedingt notwendig ist. Vielleicht komme ich hier meinem Wunsch einen Schritt näher. Noch immer wage ich es nicht, mit Ben oder irgendjemandem über meine Ideen zu sprechen, aber ich habe die Vermutung, dass Ben vielleicht schon eine Ahnung haben könnte.

»Laaaangsam, Balu!« Ben und Balu nähern sich mir über den Acker.

Dexter hebt kurz den Kopf, um zu sehen, welcher Fremde

sich ihm da gerade nähert. Wir üben tagtäglich die Begegnung zwischen den beiden, und heute kann ich zum ersten Mal einen deutlichen Fortschritt sehen. »Hey, Dexter schimpft ja gar nicht!«

Wüstenbussarde haben von Natur aus eine Abneigung gegen Hunde, da sie Kojoten zu ihren natürlichen Feinden zählen. Allerdings sind die Vögel hochintelligent, sodass sie ziemlich schnell einzelne Hunde als Freund kennenlernen und akzeptieren. Und genau das scheint hier gerade zu geschehen.

»Dann hat er wohl jetzt verstanden, dass Krähenfangen mit Balus Anwesenheit einhergeht. Perfekt«, resümiert Ben. Ein geeigneter Jagdhund ist für den Falkner unabdingbar, da er zum einen hilft, Wild aufzuspüren, aber auch zum Lebensretter wird, wenn der Beizvogel Erfolg hatte. Gerade Krähen sind sehr wehrhaft. Wenn Dexter Beute gemacht hat, attackiert ihn oft der restliche Schwarm, und ich als Mensch brauche natürlich länger, um Dexter zu Hilfe zu eilen. Das erledigt dann Balu, der blitzschnell zu Dexter eilt und sich neben ihn legt, sodass sich keine Krähe mehr an Dexter herantraut.

Ich bin seit seinem Einzug natürlich jeden Tag mit dem kleinen Racker zusammen, und Balu entwickelt sich innerhalb kürzester Zeit zu meinem engsten Vertrauten. Die Bindung zu dem kleinen Hund ist eine andere als die zu meinen Greifvögeln. Sowohl Balu als auch die Vögel sind fester Bestandteil meiner Familie, doch während ein Greifvogel stets eine gewisse Distanz wahrt, da er auch ohne mich zurechtkommen würde und mich als Partner akzeptiert und schätzt, ist es bei einem Hund eine tiefe gegenseitige Liebe, die uns verbindet. Auch die alte Hundeoma Emma adoptiert Balu nach kurzer Zeit bereitwillig. Balus Ausbildung in Gehorsam und Fährtenlesen kommt natürlich nicht zu kurz, mehrmals wöchentlich üben wir, und ich bin so stolz auf den kleinen Hund, denn er wird von Mal zu Mal besser. Mittlerweile kann er sehr gut längere Blutspuren verfolgen. Balus Hundenase ist einfach nur beeindruckend.

»So, dann mal ab zurück in die Falknerei«, sage ich, während ich Dexter den Handschuh hinhalte, sodass er daraufsteigen kann.

Auf der Krähenattrappe hat er sich gerade schön satt gefressen und steigt bereitwillig von seiner Beute auf meine Hand. Genauso soll es sein: Greifvogel und Falkner teilen kameradschaftlich die Beute, der Vogel kann sich nach seinem Erfolg satt fressen und ist glücklich und zufrieden. Da Dexter sich heute so makellos gezeigt hat, steht der tatsächlichen Jagd also nichts mehr im Wege. Den Pächter des umliegenden Reviers dürfte das freuen, hatte er uns doch explizit nach der Beizjagd auf Krähen gefragt, da die schwarzen Vögel nicht nur die Ernte des Bauern inzwischen sehr stark gefährden, sondern auch viele Rebhühner und Fasane töten und deren Gelege zerstören. In der heutigen Landwirtschaft kommen diese Arten mit einer so großen Anzahl an Krähen leider nicht mehr zurecht, da Lebensraum und Deckungen fehlen, was ihnen das Überleben schon schwer genug macht.

Unseren kleinen Pachtgarten, in dem wir nach dem Umzug ins Rheinland unsere Volieren für die Tiere aufgebaut haben, nennen wir inzwischen manchmal schon scherzhaft »Falknerei«. Mir gefällt das. Neben Dexter und Milo wohnt nun noch ein weiterer Vogel bei uns, eine kleine, süße Weißgesichtseule namens Linus.

Der Garten grenzt direkt an das Jagdrevier, in dem wir unsere Tiere fliegen lassen dürfen und mit Dexter die Jagd auf Krähen ausüben wollen.

»So wie ich das sehe, können wir ab jetzt mit deinem Dexter auf Krähen beizen«, resümiert Ben zufrieden.

»Ja, es sieht ganz so aus!«, entgegne ich freudig.

»Muskeln hat er nach seinem Einsatz in Hellenthal ja definitiv genug, er ist ein richtiger kleiner Schwarzenegger«, scherzt Ben mit mir. Ich nicke zustimmend.

Eine umfassend ausgebildete Flugmuskulatur ist das A und O für die erfolgreiche Beizjagd. Jagdflüge sind extrem anstrengend für einen Greifvogel. In der Natur stellt es sich so dar, dass ein Großteil der Jagdflüge einen Misserfolg nach sich zieht, was wiederum heißt, dass der Greifvogel mehrere Versuche braucht, um schließlich Beute zu machen. Ist er nicht in einem guten Ernährungs- und Allgemeinzustand, kann es passieren, dass ihn eine größere Anzahl an Jagdflügen körperlich überfordert. In der Natur bedeutet das meist das Todesurteil.

Auch für Dexter sind die Beizflüge eine enorme körperliche Anstrengung, der er gewachsen sein muss. Durch seinen täglichen intensiven Freiflug in der Falknerei in Hellenthal hat Dexter eine hervorragend ausgebildete Muskulatur. Beispielsweise steuert er Mauern meist geradezu an, nur um wenige Meter vorher beinahe senkrecht nach oben zu fliegen. Das sind unfassbare Kraftakte, die Dexter keine größere Mühe abverlangen und mir so seinen beneidenswerten Trainingszustand vermitteln.

Zurück in unserer »Falknerei«, heißt es nun noch, die anderen Vögel zu versorgen. Die kleine Eule fliegt wie ein blitzschneller Kolibri, noch nie habe ich etwas so Niedliches gesehen. Linus ist der absolute Herzensbrecher, mit seinen einhundertsechzig Gramm Kampfgewicht und seinem grau marmorierten Gefieder ist er einfach nur ein bildhübscher Zwerg.

»Ich bin froh, den kleinen Knirps hierzuhaben«, sage ich zu Ben, während Linus mal wieder seine Runden durch das Gartengrundstück dreht.

»Ihr zwei seid wirklich ein Herz und eine Seele.« Ben lächelt mich und Linus an, der gerade auf meinem Adlerhandschuh Platz genommen hat, während er mit Balu beseelt im Gras hockt. Völlig deplatziert wirkt das kleine Vögelchen auf dem riesigen Handschuh. Glücklich kichere ich in mich hinein. Das Eulchen ist einfach zu niedlich.

»Was hältst du davon, wenn ich dich morgen im Zoo besuchen komme?«, frage ich Ben, nachdem ich Linus in seine Voliere gebracht und mich zu ihm und Balu gesetzt habe.

»Ach, du hast morgen einen unifreien Tag? Super! Ich finde, das ist eine hervorragende Idee!«

»Hi, wo geht es hier bitte zu den Affen?«, frage ich Ben scherzhaft, als ich ihn im Zoo entdeckt und mich an ihn herangeschlichen habe.

»Da bist du ja!«, begrüßt er mich. »Ich habe Martin erzählt, dass du heute hier bist. Er sagte, du sollst unbedingt mal vorbeischauen.«

Das lasse ich mir natürlich nicht zweimal sagen. Ich freue mich, meinen Bekannten aus der Falknerausbildung wiederzusehen, nur einmal haben wir uns seit dem Kurs getroffen, um ein wenig über unseren Werdegang zu plaudern. Martin ist inzwischen Reviertierpfleger bei den Greifvögeln hier im Zoo, was mich wahnsinnig für ihn freut. Zielstrebig laufe ich in das Revier und suche nach ihm. Ich finde ihn vor einer der großen Volieren.

»Guten Tag, der Herr«, sage ich zu ihm und grinse ihn an.

»Sandra! Mensch, das ist aber toll, dich zu sehen! Möchtest du Pinguine füttern? Die Pinguinpflege gehört auch zu meinen Aufgaben, und jetzt um elf findet eine Fütterung statt.«

Ob ich möchte? Die Antwort erübrigt sich, und zehn Minuten später stehe ich mit einem Eimer glitschigem Fisch bewaffnet zusammen mit Martin auf der hübschen Pinguinanlage. Er kommentiert die Fütterung für die vielen interessierten Zoobesucher, und ich halte jedem Pinguin immer einen einzelnen Fisch vor den Schnabel. Die süßen Vögel saugen den Fisch förmlich ein. Ich kichere vor Freude und bin überrascht, wie sittsam die Tiere alle zu meinen Füßen warten, bis ich ihnen einen Fisch zuteile. Das kenne ich von meinen Greifvögeln ganz und gar nicht. Abwarten? Ein Fremdwort für Greifvögel.

»Das war klasse! Vielen, vielen Dank!«

»Gerne doch. Es war mir eine Freude.«

Wir plauschen noch etwas über meine und Bens Vögel und darüber, wie bei uns alles läuft. Martin ist sehr zufrieden mit seinem Job; sein Ziel, einer der Falkner des Zoos zu werden, hat er erreicht.

»Es war wirklich toll, dich noch mal gesehen zu haben!«, verabschiede ich mich schließlich von ihm.

»Fand ich auch. Hoffentlich bis bald mal wieder. Ich wünsche euch beiden noch viel Erfolg mit eurer immer größer werdenden Vogelmannschaft zu Hause!«

Wo ein Wille, da ein Weg

Riiing riiing, das Klingeln des Telefons weckt mich aus meinen Tagträumen. Wieder einmal habe ich mich selbst dabei ertappt, in meine ganz persönliche Gedankenwelt abzudriften. Während meines Spaziergangs mit Dexter habe ich mir vorgestellt, wie das Leben als hauptberufliche Falknerin wohl sein könnte. Ich kann mir in meinen kühnsten Gedanken nichts Schöneres, nichts Reizvolleres vorstellen. Noch etwas verträumt melde ich mich an meinem Mobiltelefon.

»Guten Tag. Bin ich hier richtig bei den Falknern?« Eine freundliche Dame meldet sich am anderen Ende der Leitung.

Ich bin perplex. Woher hat die Dame denn meine Telefonnummer? Auch wenn wir unser Gelände »Falknerei« nennen, agieren Ben und ich nicht öffentlich als Falknerei, bisher sind unsere Tiere eine Privatangelegenheit. Trotzdem melden sich immer einmal wieder Menschen, die uns und die Tiere gerne für Auftritte engagieren würden. Offenbar hat sich unsere kleine Privatfalknerei herumgesprochen.

»Hallo. Ja, wie kann ich Ihnen helfen?«

»Guten Tag, Clausen mein Name, vom Schützenverein Hülchrath. Wir suchen ein besonderes Highlight für unser Stadtfest. Eines unserer Mitglieder hat von Ihrer Falknerei erfahren.«

»Oh. Okay. Also eigentlich sind wir keine öffentliche Falknerei, wir bieten keine Veranstaltungen an. Tut mir leid.«

»Oh nein, wie schade! Können Sie da nicht einmal eine Ausnahme machen? Vielleicht können wir Sie ja mit einem entgegenkommenden Angebot überzeugen?«

»Ich werde einmal darüber nachdenken. Dann melde ich mich wieder bei Ihnen.«

»Das ist jetzt schon der sechste Anruf dieser Art, Ben.« Ich bin zwar verwundert, dem Interesse an Auftritten mit unseren Vögeln aber trotzdem nicht abgeneigt.

»Ja. Die Menschen haben Interesse an uns und den Tieren. Was spräche denn dagegen, am Wochenende ein paar Termine anzunehmen?«

Natürlich spricht nichts dagegen. Im Gegenteil: Mit meinen Tieren Öffentlichkeitsarbeit leisten, die Schönheit und Eleganz der Greifvögel präsentieren und dabei Wissen über diese wunderbaren Wesen verbreiten? Näher kann ich meinem Traum, als Falknerin mein Geld zu verdienen, kaum kommen.

»Du hast recht. Lass uns das machen. Dann haben unsere Vögel ein bisschen Abwechslung und auch wir unseren Spaß.«

Ich sage der Dame für das Stadtfest zu, und sie freut sich riesig. In diesem Moment merke ich, wie glücklich es mich macht, eigene Klienten zu haben und ihre Wünsche zu erfüllen.

Milo, Dexter und Linus präsentieren sich auf dem Stadtfest wie alte Hasen, nichts lässt darauf schließen, dass wir alle neu im Geschäft sind.

»Wow, war das klasse!« Begeistert sitze ich auf dem Heimweg auf dem Beifahrersitz.

»Ja, wie Dexter sich vom Hausdach hat fallen lassen, über all die Zelte und die Hüpfburg, zurück zu dir. Da war sogar ich kurzzeitig sprachlos, von den Zuschauern einmal ganz zu schweigen«, lobt Ben meinen kleinen Helden Dexter.
»Ja, ich bin so unglaublich stolz auf ihn.«

*

Die Anfragen häufen sich, und wir sind in diesem Sommer beinahe jedes Wochenende unterwegs. Aber nicht nur die Anfragen für Außenauftritte werden mehr; seitdem wir unsere Falknerei nebenberuflich führen, trudeln regelmäßig verschiedene Medienanfragen bei uns ein. Mit Zunahme der Auftritte kommen immer mehr lokale Zeitungen und Radiosender auf uns zu, um über uns zu berichten. Ich freue mich über jede einzelne Anfrage sehr, auch wenn ich mich an das plötzliche Interesse noch gewöhnen muss.

Wie die Außentermine ablaufen, kenne ich bereits aus den beiden Falknereien, sie sind immer besonders aufregend für Mensch und Tier. In jeder fremden Umgebung müssen die Vögel besondere Nervenstärke beweisen, gleichzeitig ist es unabdingbar, dass sie mir zu einhundert Prozent vertrauen. Wenn meine Tiere die Gewissheit, dass ich auf sie achtgebe und für ihre Sicherheit garantiere, nicht hätten, könnte ich keine Außenauftritte mit ihnen machen. Denn ein unsicherer Vogel würde an einem fremden Ort niemals einfach fliegen, sondern sofort einen möglichst hohen Punkt ansteuern, um sich von dort aus in Ruhe umzublicken. Da Greifvögel ein anderes Zeitgefühl als wir Menschen haben, kann dieses Auskundschaften auch schon mal mehrere Stunden dauern.

Aus diesem Grund sind Außenauftritte der ultimative Vertrauensbeweis zwischen Falkner und Vogel. Nur als eingespieltes Team kann man an einem neuen Ort eine Flugdarbietung präsentieren.

»Sag mal, Ben, unsere kleine Falknerei läuft zurzeit so gut« – es ist das erste Mal, dass ich das Wort Falknerei ganz normal ausspreche und nicht mit einer leicht ironischen Betonung –, »wenn wir ernsthaft vorhaben, das weiter zu betreiben, kommen dann für dich noch weitere Vögel infrage?«, frage ich Ben eines Abends nach einem unserer Sommerauftritte.
»Hmmm. Ja klar, wieso nicht. Das Wichtigste ist die Zeit für eine gute Versorgung und der Platz. Das können wir ja beides bieten.«
Ich träume schon seit einiger Zeit von einem eigenen Adler und denke, dass nun der ideale Zeitpunkt ist, diesen Wunsch anzusprechen.
»Ich hätte so gerne einen Adler. Die Beziehung zwischen dir und Milo ist so toll, ich bin fast ein bisschen neidisch.«
»Was für einen Adler hättest du denn gerne? Auch einen Seeadler?«
»Nein. Ich liebe Andenadler. Das wäre genau das Richtige für mich.«
Andenadler stammen, wie der Name schon vermuten lässt, aus Südamerika und bewohnen dort neben den Anden auch offene und halb offene Landschaften. Die Bezeichnung Adler ist im Grunde etwas irreführend, denn systematisch gesehen gehören diese Tiere zu den Bussarden, nicht zu den Adlern. Aufgrund ihrer Größe, Intelligenz und des Flugverhaltens werden sie aber gerne als Adler bezeichnet. Durch ihr Vorkommen auf bis zu dreitausend Metern Höhe können An-

denadler hervorragend wie kaum eine andere Art mit Wind arbeiten und fliegen.

»Diese atemraubenden Flugkünste, die man ihnen nachsagt, möchte ich unbedingt hautnah erleben.«

»Na, dann hören wir uns mal um, wo wir einen Gefährten für dich bekommen können.«

Der kleine, flauschige Adler sitzt piepend in einem Pappkarton, den der Züchter liebevoll mit Zweigen ausgelegt hat. Schon vom ersten Augenblick an gehört der kleinen Adlerdame mein Herz. Ich lasse meinen Blick langsam über jeden Zentimeter des kleinen Vogelkörpers wandern und bewundere alles an ihr: die für den kleinen Vogel schon riesigen Fänge, den zarten Flaum, der den Körper umgibt, und die großen, runden Augen nebst dem riesigen Schnabel. Der Kopf des Tieres wirkt völlig überdimensioniert, genau wie die Fänge. Die Flügel sind kleine, fleischige und mit Federflaum überzogene Ärmchen. Kayla, so taufe ich die Kleine, ist eine fleischgewordene Niedlichkeit, nie habe ich mich bisher so Hals über Kopf verliebt. Entzückt gebe ich ihr einen kleinen Schmatzer auf den Kopf.

Ich kann nicht mehr, muss mir vor Lachen und Prusten auf dem Boden liegend den Bauch halten. Nachdem Kayla die ersten Wochen wohlbehütet in unserer Wohnung aufgewachsen ist, lebt sie nun ebenfalls in einer großen Voliere auf dem Pachtgrundstück. Der kleine Adler ist seitdem mehr als doppelt so groß geworden und hat sich komplett verändert. Sie veranstaltet erste Übungen mit ihren Flügeln und steht dabei auf ihren wackeligen Beinen. Wie verrückt schlägt sie mit den Schwingen. Dabei passiert: genau gar nichts. Die großen

Schwungfedern sind noch nicht voll gewachsen, die Flächen also noch überhaupt nicht tragfähig.

»Oh Gott, ich hab noch nie so etwas Niedliches gesehen.« Langsam komme ich wieder zu Atem.

»Bald, Kayla, bald«, verspricht Ben der jungen Dame, während sie mit offenen, weit abstehenden Flügeln durch den Garten läuft, um so dem Gefühl des Fliegens möglichst nahezukommen.

Balu hebt interessiert seinen Kopf, er und Kayla werden langsam ein echtes Team. Wenn sie müde wird, sucht sie gezielt die Nähe des Hundes auf, um sich an seine Seite zu kuscheln, und er lässt sie gewähren. Ein himmlischer Anblick.

Gerade allerdings ist Kayla überhaupt nicht nach einem Nickerchen zumute, hoch motiviert tötet sie gerade einen kleinen Ast, den sie irgendwo im Garten gefunden hat.

»Oh ja, Kayla, gib's ihm. Der Ast hat keine Chance gegen dich!« Wieder muss ich laut loslachen. Dieser Vogel kennt keine Gnade, weder mit meinen Lachmuskeln noch mit dem Stock in seinen Fängen.

Dieses spielerische Töten hat tatsächlich einen Sinn, junge Greifvögel üben so das gezielte Zugreifen und Loslassen, um in einer wirklichen Jagdsituation zu wissen, was zu tun ist.

Balu findet dieses Spiel so amüsant, dass er einen weiteren, größeren Ast zu Kayla bringt und vor ihr abwirft. Sofort springt die kleine Kayla auf den Knüppel und lehrt ihn das Fürchten.

»Deine Kleine hat's faustdick hinter den Ohren.« Ben lächelt mich an, und ich kann mir ein seliges Grinsen nicht verkneifen.

*

»Was für ein bildhübscher Vogel.« Michael steht beeindruckt vor meiner Kayla, die nun seit wenigen Wochen voll ausgefiedert und somit flugfähig ist.

Michael ist selbst Falkner in einem kleinen Wildpark in der Nähe und ein guter Freund von uns. Anlässlich seines fünfzigjährigen Parkjubiläums bieten wir ihm unsere Unterstützung und die unserer Tiere an.

»Danke, Micha. Du glaubst gar nicht, wie stolz ich auf sie bin.«

»Oh doch, das glaube ich dir aufs Wort, meine Liebe.« Er grinst mich an.

Nachdem Milo, Dexter, Kayla und Linus ihr Können vor einer großen Anzahl Parkbesucher bewiesen haben, lädt Michael mich noch auf einen Kaffee ein, während Ben das Auto belädt. Der erfahrene Falkner ist seit vielen Jahren selbstständig und erkennt sofort, was im Moment in meinem Kopf los ist.

»Und ihr beiden? Was macht eure Selbstständigkeit? Nun habt ihr noch den süßen Andenadler, immer mehr Anfragen und Auftritte. Gibt's denn endlich weitere Pläne?«

»Das läuft als Nebengewerbe. Ben hat seinen Job im Zoo und ich mein Studium. Aber toll wäre so eine Selbstständigkeit schon«, erkläre ich ihm und merke, dass ich in diesem Moment meinen Traum zum ersten Mal laut ausspreche. Ich spüre ein Gefühl von Glück. »Dein Park ist wirklich wunderschön«, ergänze ich noch.

»Danke. Ja, das ist ein wundervolles Fleckchen Erde, ich bin jeden Tag aufs Neue dankbar. Ich weiß auch, mit wie viel Herzblut ihr hinter der Falknerei und euren Tieren steht, Sandra. Selten habe ich so eine Leidenschaft für die Falknerei bei einem Menschen gespürt wie bei dir. Du solltet diesen Traum verfolgen. Und zu zweit seid ihr ein unschlagbares Team.«

»Ach, Micha«, ich lächele ihn dankbar an. »Das ist so lieb von dir, ich denke wirklich viel darüber nach. Aber oft schaltet sich mein Verstand ein und sagt, dass eine eigene Falknerei völlig utopisch ist. Wie soll das schon funktionieren? Wo überhaupt? Mit welchen Mitteln? Was ist mit dem Risiko?«

»Ich habe nun schon ein paar Jahre mehr auf dem Buckel. Lass dir gesagt sein: Wo ein Wille ist, da ist auch immer ein Weg. In diesem Spruch liegt eine tiefe Wahrheit, und eines Tages wirst du diese Wahrheit spüren. Vertrau mir.«

Die Vogelhochzeit

»Los jetzt. Bist du so weit?!« Ben wartet ungeduldig im Wohnzimmer, während ich noch mein Make-up im Badezimmer auflege.

»Ist ja gut. Ich bin gleich fertig.«

Die Veranstaltung, auf der wir heute gebucht sind, erfordert schicke Kleidung und Make-up. So perfekt herausgeputzt wie sonst nie machen wir uns auf den Weg zu unserem heutigen Außenauftritt der besonderen Art – einer Hochzeit.

Die Feierlichkeit findet in einem restaurierten Schloss mit angrenzendem Schlosspark im Kreis Neuss statt. Nach unserer Ankunft werden wir von einem Vertrauten des Bräutigams empfangen. Er führt uns einmal um das Schloss herum und erklärt uns dabei den Ablauf der Zeremonie. »Dort drüben ist der Balkon, auf dem die Trauung stattfinden wird. Sie müssten sich also irgendwo hier verstecken.« Er zeigt dabei auf eine kleine Fläche mit akkurat und kunstvoll geschnittenen Lebensbäumen. Nachdem alles besprochen ist, verstecke und positioniere ich mich mit Milo auf dem Handschuh rund fünfhundert Meter vom Schloss entfernt. Zwischen mir und dem Balkon, auf dem die Trauung stattfinden wird, liegt ein kleiner, beschaulicher See als Teil der Parkanlage. Der See wird von verschiedenen Gänsen und Enten bevölkert, die mich, oder wohl eher Milo, laut schnatternd auf Abstand halten wollen. Überall ist Gemecker und Gezeter in der Luft. Der kleine Gänseaufstand sorgt nun allerdings dafür, dass die Besucher des öffentlichen Schlossparks auf Milo und mich aufmerksam werden.

»Wow. Der ist aber riesig!«, ist nur eine der vielen Begeisterungsbekundungen, die Milo in der Dreiviertelstunde, die wir auf seinen Einsatz warten, erhält. Von allen Seiten werden Handys gezückt, um Fotos zu schießen.

Ben hat sich inzwischen unter die Hochzeitsgäste gemischt, er wird der Braut, wie mit dem Bräutigam besprochen, im richtigen Augenblick den Adlerhandschuh anziehen und Milo dorthin rufen. Ziel ist, dass Milo mit einem kleinen Ledersäckchen am Bein, welches ihn nicht behindert, die Eheringe zum Brautpaar bringt. Der Clou: Das Ganze ist eine Überraschung für die Braut. Sie hat keine Ahnung, was passieren wird. Ihr Zukünftiger und dessen Vertrauter sind die Einzigen, die von dieser Überraschung wissen, auch die restlichen Gäste haben keinen Schimmer, was in wenigen Momenten geschehen wird.

Minute um Minute beobachte ich den Balkon, doch noch tut sich dort nichts. Ben will mir eine kurze Nachricht senden, wenn er absehen kann, dass es gleich so weit sein wird. Ich hoffe, er hat das nicht vergessen, denn eigentlich sind wir seit zwanzig Minuten überfällig. Gespannt sehe ich auf meine Uhr: Wie lange dauert es wohl noch? Hoffentlich ist alles in Ordnung. Milo und mir fehlt es hier im Schatten der Bäumchen zwar an nichts, doch langsam macht sich Unruhe in mir breit. Je mehr ich abwarten muss, desto mehr mache ich mir Gedanken, dass etwas schiefgehen könnte. Natürlich vertraue ich Milo zu einhundert Prozent, noch nie hat mich der stolze

Adler enttäuscht, doch meine Gedanken wollen nicht ganz so, wie ich will, und machen mich nervös.

Der Aufruhr der Gänse hat inzwischen abgenommen, offenbar haben sie eingesehen, dass von Milo keine Gefahr ausgeht. Wenn die wüssten, dass er gleich noch über sie hinwegfliegen wird. Ich muss kichern, was mir einen schiefen Blick eines Spaziergängers einbringt.

Plötzlich geht alles ganz schnell: Ich erkenne, dass die Hochzeitsgesellschaft auf den Balkon strömt, und gleichzeitig piept auch mein Handy. Nachricht von Ben: *Es geht los.* Ich mache mich bereit und drehe mich mit Milo in Richtung Balkon. Der Adler braucht keine zwei Sekunden, um Ben dort drüben auszumachen. Trotz der Entfernung erkennt er ihn und weiß sofort, worum es geht.

»Ruhig, Schatz. Ein paar Sekunden musst du noch warten.« Ich lege Milo meine Hand auf die Brust, um ihn etwas zu beruhigen, denn er hat schon voller Vorfreude die Schwingen leicht geöffnet und kann es kaum erwarten zu starten.

Nachdem ich über die Entfernung den Handschuh am Arm der Braut ausmachen kann, welchen Ben ihr übergestreift hat, lasse ich Milo aus meinem Versteck vom Handschuh starten. Zielstrebig fliegt er in Richtung des Sees, die Gänse fliegen panisch zu allen Seiten weg, doch Milo hat nur Augen für den Handschuh der Braut und Ben, der direkt danebensteht. Doch statt auf direktem und kürzestem Weg zu seinem Ziel zu fliegen, fängt Milo an, über dem See mit kleinen Kreisen anzusteigen. Ein, zwei Kreise, und Milo steht deutlich über dem See und über dem Ziel: dem Balkon. Mein Herz rutscht mir in die Hose, doch unser Adler verliert seinen großen Auftritt nicht aus den Augen: Genau über dem Balkon mit den Brautleuten, mittlerweile in beachtlicher Höhe angekommen, legt er die

Schwingen an und zeigt einen beneidenswerten Sturzflug auf den Handschuh der Braut. Wahnsinn! Ich erlaube mir, wieder zu atmen. Leider bin ich zu weit entfernt, sodass ich den Gesichtsausdruck der Braut nicht wahrnehmen kann, aber ich würde zu gerne sehen, wie ihre erste Reaktion ist. Sie muss so perplex sein, das hätte sie sicher niemals erwartet. Nicht einmal ich habe mit einer solchen Flugdarbietung gerechnet!

»Ha, Milo liebt den großen Auftritt«, sage ich laut und erleichtert zu mir selbst. Um mich herum applaudieren die Spaziergänger, die uns zufällig zur richtigen Zeit passiert haben und sich das Spektakel ansehen konnten.

»Die Braut hat sogar vor Freude und Rührung geweint. Besser hätte es nicht laufen können«, erzählt mir Ben, als ich ihn im Schloss zwischen Sektgläsern und Kanapees wiedertreffe. Die Brautleute sind unendlich gerührt und bedanken sich bei uns für die gelungene Überraschung. Verrückt eigentlich, dass die Braut Ben unter den Hochzeitsgästen nicht bemerkt hat, bevor er den Handschuh ausgepackt und ihr übergestülpt hat. An so einem Tag ist man sicher unendlich nervös, da fällt einem ein fremder Mann unter den Gästen wohl nicht auf, denke ich mir und lächele zufrieden.

Madame Elise

»So gut, wie das alles hier für uns läuft, könnte unsere kleine Familie doch noch mehr Zuwachs vertragen.« Ben zeigt mir eine Onlineplattform für Greifvögel auf seinem Handy, eine Verkaufsanzeige ist geöffnet.

»Schakalbussarde?« Ich sehe ihn überrascht an. »Die sind doch extrem selten! Und normalerweise kann man sie kaum bezahlen.«

»Ja, aber der Verkäufer hier gibt seine Zucht in Frankreich auf. Deswegen verkauft er zwei Jungtiere relativ günstig«, erklärt Ben.

Schakalbussarde zählen zu meinen absoluten Traumgreifvögeln, kaum einen Greifvogel finde ich so eindrucksvoll, so wunderschön wie diese Tiere. Sie kommen im südlichen Afrika vor und bevorzugen hier erhöhte, felsige Lagen. Insbesondere in den Drakensbergen, dem höchsten Gebirgszug im südlichen Afrika, sind diese Vögel häufig anzutreffen, wo sie sich von kleineren Säugetieren wie Klippschliefern, aber auch von Reptilien wie Schlangen und größeren Insekten ernähren.

Ben weiß genau, wie sehr mich diese Vögel faszinieren. *Relativ günstig* bedeutet aber immer noch eine ziemlich hohe Summe.

Bei den beiden Jungvögeln handelt es sich um ein Weib

und einen Terzel. Auf Laien wirken die Begrifflichkeiten für die Geschlechter von Greifvögeln manchmal zunächst befremdlich. Zum einen stören sich viele Menschen an dem *Weib*, aufgrund der sexistischen Konnotation. In der Falknersprache ist es aber tatsächlich der Fachterminus für ein weibliches Tier. Der Begriff *Terzel* lässt sich ebenfalls recht einfach herleiten. Dieser Terminus stammt aus dem Lateinischen und kommt vom Wort *tertium*, was ein Drittel bedeutet. Um dieses namensgebende Drittel sind die männlichen Tiere kleiner beziehungsweise leichter als die Damen. Diesen Unterschied erkennt man bei nahezu allen Greifvogel- und Eulenarten. Es gibt natürlich auch Ausnahmen, die die Regel bestätigen, beispielsweise ist es bei den Neuweltgeiern umgekehrt.

In der Regel sind die Weiber also größer und deutlich stärker und kräftiger als die Männchen, und das liegt daran, dass sie während der Aufzuchtzeit das Nest samt Jungvögeln verteidigen müssen. Die Terzel hingegen müssen möglichst viel Nahrung heranschaffen, um die Familie zu versorgen. Da die Jungvögel kontinuierlich Nahrung brauchen, aber große Mengen auf einmal nicht fressen können, ist es wichtig, dass das Männchen immer wieder kleinere Beute, dafür aber eben häufiger, heranbringt. Zu diesem Zweck ist der Terzel klein, schnell und wendig.

»Wir können ihm doch mal schreiben und fragen, ob die Jungtiere noch da sind. Schreiben kostet ja erst mal nichts«, sage ich mutig, denn die Idee ist zu verlockend.

Nachdem wir die Anfrage abgesendet haben, kann ich vor Nervosität kaum an etwas anderes denken, obwohl an diesem Abend eine große Familienfeier bei meinen Eltern stattfindet. Meine Mutter bemerkt meine Anspannung und will wissen, was los ist. Ich kann nichts vor ihr verbergen und erzähle ihr aufgeregt von unserer Anfrage und davon, dass es mir besonders das Weib angetan hat. Ich zeige ihr die Fotos, und auch sie ist sofort Feuer und Flamme.

»Wenn du das wirklich willst, hast du meine Unterstützung. In jeder Hinsicht. Du verstehst?«, fragt mich Mama und sieht mich eindringlich an.

»Ja. Ich verstehe. Danke, Mama.« Ich weiß, dass unser Nebengewerbe nicht genug Geld abwirft, dass wir uns ohne ihre Hilfe einen solchen Vogel nicht leisten könnten, und bin unendlich dankbar. Ich umarme sie und kann ab diesem Zeitpunkt keine Sekunde mehr still sitzen. Den Gesprächen am Tisch kann ich nur schwer folgen, und in meinem Kopf schwirrt im wahrsten Sinne nur noch die schöne Schakalbussarddame herum.

Dann, als ich schon nicht mehr damit rechne, kommt endlich Antwort aus Frankreich. Das weibliche Tier ist tatsächlich noch zu haben! Der Züchter schreibt uns, dass er das Tier für uns reserviert.

»Haben wir genug Cola?« Ich bin gehetzt, Schweißperlen stehen mir auf der Stirn. Es ist kurz vor 22.00 Uhr, und in wenigen Minuten machen wir uns auf in Richtung Frankreich.

»Keine Ahnung, Sandra. Ich checke gerade, ob wir alles für den Transport des Bussards haben.«

Das Anwesen des Züchters befindet sich im Zentralmassiv in Frankreich, das bedeutet für uns elf Stunden Hin- und Rückfahrt. Jeweils. Weil wir unsere anderen Vögel nicht so lange alleine lassen können, planen wir keine Zwischenübernachtung oder längere Pausen ein, sondern eine Nachtfahrt. Wir wollen die Reise mit viel Kaffee in Thermoskannen, Cola und mit guter Musik bestreiten, und ich bin voller Vorfreude, aber auch sehr nervös. Für die kleine Bussarddame nehmen wir einen großen Korb mit, den ich mit vielen Handtüchern ausgepolstert habe.

»Cola. Check. Frischer Kaffee. Check. Geld. Check. Ausweise. Check. Körbchen. Check. CDs. Check. Ladekabel. Check.« Ich gehe laut die Liste der wichtigsten Dinge durch und hoffe, dass wir nichts Wichtiges vergessen haben.

»Das hört sich doch gut an. Dann kann doch eigentlich nichts mehr schiefgehen«, versucht Ben meine sichtlich angespannten Nerven zu beruhigen.

So lange war ich noch nie am Stück im Auto unterwegs, erst recht nicht als eine von zwei Fahrern. Und dann ist da noch die Sorge um den kleinen Vogel. Ich hoffe sehr, dass er die Reise gut überstehen und sich gut bei uns einleben wird.

»So. Alles fertig. Bereit?« Ben schließt den Kofferraum des großen Kombis meiner Mutter, den wir uns extra für diese Reise leihen durften. Eine Viertelstunde später rollen wir über die Autobahn in Richtung Grenze. Den Anfang der Fahrt macht Ben, und ich versuche, etwas Schlaf zu erhaschen. Eigentlich bin ich viel zu nervös, um wirklich ein Auge zuzubekommen, doch irgendwann döse ich ein wenig ein. Ich träume davon, dass der kleine Bussard schon Teil unserer Vogelfamilie ist, ich sehe sie alle vor mir, Dexter, Milo, Linus und auch Kayla. Wir sind alle zusammen in einer Falknerei. *Meiner* Falknerei. Der Traum ist wunderschön, und ich spüre die Glückseligkeit des Moments, sie fühlt sich so real an.

»Sandra?« Bens Stimme weckt mich. »Du hast zwei Stunden geschlafen, ich brauche jetzt langsam mal eine Pause, kannst du fahren?«

Sandra und Andenadler-Dame Kayla

Sandra mit Weißkopfseeadler Milo. Erst ab dem dritten Lebensjahr wird der Kopf des Adlers langsam weiß, bis er zwischen dem sechsten und achten Lebensjahr komplett weiß ist.

Sandra und ihr Steppenadler Chester

Sandra und ihre Weißgesichtseule Linus warten auf ihren Einsatz beim Flugprogramm auf Burg Greifenstein.

Die Besucher lieben den kleinen Linus, der jedem Adler die Show stiehlt.

Sandra und Weißkopfseeadler Milo, deutlich weißer an Kopf und Stoß (Schwanz)

Elise in ihrem Jugendkleid. Schakalbussarde färben in ihrem zweiten Lebensjahr in ein anderes Federkleid, das sogenannte Alterskleid. Elise wird einmal schiefergrau mit einem roten Latz vor der Brust und einem feuerroten Stoß.

Weißkopfseeadler Milo in jüngeren Jahren mit noch dunklem Kopf

Wüstenbussard Dexter ist Sandras allererster Greifvogel.

Sakerfalke Lemmy: Falken sind die schnellsten Tiere der Welt.

Weißkopfseeadler Milo kurz vor der Landung auf Sandras Hand.
Milo ist damals noch sehr jung und hat noch keinen weißen Kopf.

Europäische Seeadler-Dame Mia. Der Seeadler ist der deutsche Wappenvogel
mit beachtlicher Imposanz.

Schakalbussard-Baby Elise mit der Boxer-Oma Emma.
Elise ist hier circa fünf Wochen alt. Gut zu erkennen ist ihr Flaumgefieder,
das nach und nach durch das Jugendkleid abgelöst wird.

Die junge Elise mit Sandra auf Burg Greifenstein

Andenadler-Dame Kayla stürzt sich von der Mauer auf Burg Greifenstein.

Sandra und Milo beim Flugprogramm auf Burg Greifenstein

Lannerfalke Kito als sogenannter Nestling im Alter von drei Wochen

Kito wird gefüttert: Es gibt klein gehaktes Hähnchen, Mäuse und Wachteln. Eine ausgewogene Ernährung der jungen Vögel ist wichtig für das Wachstum, den Knochen- und Federaufbau.

Andenadler-Baby Kayla im Alter von vier Wochen

Hannoverscher Schweißhund Balu, Boxerhündin Emma und
Andenadler-Baby Kayla, fünf Wochen alt

Sibirischer Baby-Uhu Lotte, Balu und Baby-Mäusebussard Jupp

Weißkopfseeadler-Dame Allie hoch über Burg Greifenstein.
An ihrem Fuß ist eine Kamera befestigt, die den Vogel nicht stört und
wunderbare Aufnahmen aus der Luft ermöglicht.

Die wunderschöne Burg Greifenstein ist eine der flächenmäßig
größten Burgen Deutschlands.

Sandra und Ben

Wüstenbussarde wie Dexter sind für ihre Flugmanöver bekannt.

Nach aufwendiger Rehabilitation konnte Sandra diesen männlichen Habicht nach einem halben Jahr wieder in die Freiheit entlassen. Hochleistungsjäger wie Falken, Sperber und Habichte müssen nach langer Genesungszeit erst falknerisch trainiert werden, um die abgebaute Muskulatur wiederherzustellen, ansonsten könnten sie in der Natur keinen Jagderfolg mehr haben.

Die Gegend um Lyon herum ist wunderschön, fast wie aus einem Film entnommen. Die Landschaft ist unberührt und lebendig, so kenne ich es eigentlich nur aus dem Urlaub. Ich kann meinen Blick nicht lösen, hier wirkt alles so ursprünglich und unangetastet, dichte Wälder säumen die hohen Berge und grenzen wiederum an buschige Heiden. Ein Paradies auf Erden, ich bin hin und weg und völlig gefesselt.

Jetzt heißt es nur noch, das Häuschen des Züchters zu finden. Er hat uns bereits im Vorfeld mitgeteilt, dass in seinem Dorf keine Hausnummern vonnöten sind. Wie schön und romantisch das doch irgendwie ist! Statt einer Hausnummer bekommen wir die Beschreibung *Ein kleines gelbes Haus mit grünen Fensterläden.*

Da ist es! Es sieht wunderbar gemütlich aus. Der Züchter heißt Rudy, er lädt uns fröhlich zu sich in die Küche ein. Auf Englisch erklärt er uns, dass er die Zucht aus gesundheitlichen Gründen leider schweren Herzens aufgeben muss. Seine Trauer darüber ist spürbar groß und geht mir wirklich nahe. Eine solche Situation kann ich mir kaum vorstellen. Unwillkürlich muss ich darüber nachdenken, wie es wäre, meine wunderschönen und majestätischen Tiere nicht mehr selbst tragen und frei fliegen lassen zu können. Eine grauenhafte Vorstellung, die ich schnell wieder beiseiteschiebe.

Ich blicke mich in der geräumigen Küche um, die wie aus einem Einrichtungsmagazin entnommen wirkt. In einer hinteren Ecke entdecke ich eine große Holzbox, sofort ahne ich, was sich darin befindet.

»Sind dort die Bussarde?«, frage ich Rudy. »Ja, geh ruhig schauen. Deswegen seid ihr ja hier.« Richtig. Deswegen bin ich hier. Mein Herz klopft wie wild, und nichts hält mich mehr auf meinem Stuhl, ich stürme in Richtung dieser Kiste. Vor mir liegen zwei graue Bussarde im Dunenkleid. Beide liegen ganz auf der Seite, so wie es für Babyvögel typisch ist, ein Bein weit ausgestreckt, das andere unter dem Körper angewinkelt. Auf Laien muss dieses Bild sehr befremdlich wirken, mit den geschlossenen Augen und dieser Position befürchtet man schnell das Allerschlimmste, doch die ruhigen Atemzüge der beiden zeigen, dass kein Grund zur Sorge besteht. Obwohl die beiden erst vier Wochen alt sind, ist das weibliche Tier schon jetzt durch die deutlich stärker ausgeprägten Fänge zu erkennen, ihr Bruder wirkt viel zierlicher.

Schnell gleiche ich noch die Ringnummer mit den Papieren ab, und schon zieht die kleine Maus in ihren Korb um.

Diese Ringe werden den Tieren innerhalb der ersten Lebenswochen über einen Fang geschoben und können dann, bedingt durch das schnelle Wachstum, schon ein bis zwei Tage danach nicht mehr ohne Weiteres entfernt werden. Dadurch ist es möglich, Greifvögel und Eulen jederzeit zweifelsfrei und eindeutig zu identifizieren. Mit dieser spezifischen Ringnummer und den passenden Papieren meldet man die Tiere dann bei der zuständigen Naturschutzbehörde, da der Besitz dieser streng geschützten Arten anzeigepflichtig ist.

Mit Fütterungsempfehlungen für die kleine Maus treten wir nun mit neuer Energie den Heimweg an. Zwar nagt die Müdigkeit an uns, doch Kaffee, Cola und vor allem die Freude über den Neuzugang helfen dabei, wach zu bleiben.

»Chérie?« Ich sitze am Steuer, Ben neben mir und die kleine Bussarddame in ihrem Korb auf dem Rücksitz. Sie schläft ruhig und selig. Wir überlegen fieberhaft, wie wir das kleine, süße Greifvogelküken denn nennen sollen. Französisch soll es klingen, denn das ist schließlich ihre Herkunft. Bei meinen anderen Vögeln war es bisher immer so, dass ich es einfach wusste, der Name kam von selbst zu mir und fühlte sich sofort richtig an. Es ist schwer zu beschreiben, aber so war es bisher bei Dexter, Linus und auch Kayla.

Irgendwann während der Fahrt hole ich mir die Kleine nach vorne auf den Schoß. Sie ist jetzt wach und sehr interessiert an ihrer Umwelt. Sie ist winzig und kuschelt sich dankbar in meinen Schoß.

»Wahrscheinlich ersetzt meine Körperwärme die ihres Bruders. Oder was meinst du?«, frage ich Ben.

»Ja, wahrscheinlich. Sehr niedlich, wie sie sich bei dir einkuschelt.«

»Meine namenlose, süße Maus.« Ich lächle die Kleine glücklich an und lege meine Hände an ihren weichen Körper, um ihr weitere Wärme zu spenden. Gedankenverloren starre ich aus dem Fenster, beobachte die Landschaft mit ihren Bergen und Tälern und den sie säumenden vielfältigen Wäldern und gehe unzählige Namen in meinem Kopf durch. Im rechten Seitenspiegel erkenne ich auf einmal ein Auto, welches sich deutlich von den anderen Fahrzeugen hier unterscheidet. Während ich es weiter beobachte, kann ich den herannahenden Flitzer identifizieren und habe genau dieses Gefühl, auf das ich die ganze Zeit warte. »Elise!«, rufe ich laut und freudig aus. »Was?« Auch Ben war offenbar in Gedanken vertieft und ist durch meinen Ausruf sichtbar verwirrt.

»Das Auto dort ist ein Lotus Elise«, ich zeige auf den kleinen gelben Flitzer, der uns in diesem Moment überholt. Ben versteht sofort, worauf ich hinauswill. »Elise. Der Name ist perfekt!«

»Dann heißt du jetzt Elise!«, teile ich dem Bussard mit und lehne mich vor, um ihm einen vorsichtigen Schmatzer auf das weiche Dunenkleid zu geben.

Madame Elise wächst ebenso schnell, wie ich es schon bei meinem Andenadler Kayla erlebt habe.

Die Kleine lebt die erste Zeit bei uns in der Wohnung, tägliches Wiegen und dreimal täglich eine große Mahlzeit stehen auf dem Plan. Während der Zeit des Wachstums verputzen junge Greifvögel eine enorme Menge an Fleisch. Ein junger Bussard, der siebenhundert Gramm auf die Waage bringt, so wie Elise, frisst, um zu wachsen und sein Gewicht zu vermehren, insgesamt mindestens dreihundertfünfzig Gramm reines Fleisch über den ganzen Tag verteilt.

Während der verbleibenden Sommermonate integriert sich Elise schon wunderbar in unsere Außenauftritte, obwohl sie noch nicht ausgewachsen ist. Das ist beeindruckend und macht mich unendlich froh. So lernt sie verschiedene Orte und Umstände von klein auf kennen. Wir sind beinahe jedes Wochenende mit unseren Vögeln unterwegs. Mittlerweile werden wir nicht nur in unserem unmittelbaren Umkreis, sondern auch weit darüber hinaus angefragt und gebucht. Wir besuchen Märkte, Stadtfeste, Hochzeiten und Geburtstage und erhalten immer dieselbe Resonanz: Wunderbare Arbeit, ganz tolle Tiere, warum macht ihr das nicht hauptberuflich?

Wir machen das!

»Hach, was für ein wunderbarer Tag.« Ich strecke mich auf der Wiese unseres Gartengrundstücks aus. Heute herrscht ausnahmsweise mal Ruhe in unserem ansonsten sehr anstrengenden Sommer, die Außenauftritte nehmen den Großteil unserer Wochenenden ein, und wir blicken mit Freude und Dankbarkeit auf die Auftritte, die vergangen sind, und die, die noch folgen werden.

»Ich hätte nicht gedacht, dass wir so gefragt sein würden. Wahnsinn!« Ben spricht aus, was ich denke; ich hätte nicht geglaubt, dass wir so viel Erfolg haben würden.

»Das stimmt. Es ist ein tolles Gefühl, solche Begeisterung hervorzurufen.« Ich seufze tief und fühle mich einfach nur lebendig und zufrieden. Warum kann es nicht immer so sein?

»Kannst du dir vorstellen, nur noch so etwas zu machen? Nichts anderes mehr?« Bens Frage kommt plötzlich.

»Was meinst du? Ich mache doch faktisch nichts anderes.«

»Du verstehst nicht. Ich meine eine eigene Falknerei.«

Ich kriege keinen Ton heraus. Jetzt bin ich sprachlos, und das bin ich wirklich selten.

»Wir und das, was wir tun, kommen gut an. Wir scheinen einen Draht zu den Menschen zu haben, sind gut darin, die

Begeisterung für unsere Tiere zu teilen und zu vermitteln. Warum sollten wir das nicht schaffen?«

Ich sehe Ben etwas verdattert an. Nie hätte ich gedacht, dass er eine Selbstständigkeit in Erwägung ziehen würde. Doch er scheint auf einmal überzeugt davon, und das freut mich. Dieser Gedanke ist so schön, wie oft habe ich ihn mir in meinen Träumen schon vorgestellt. Aber ich weiß, dass es nicht einfach werden würde. Wir brauchten ein passendes Gelände, mehr Vögel und Volieren und natürlich sehr viel Geld, um all das zu bezahlen. Und dann wäre da noch die Sache mit den Besuchern. Würden wir es schaffen, sofort so viele Besucher anzuziehen, dass wir beide von der Falknerei leben könnten? Es scheint eine waghalsige Idee zu sein – aber auch so aufregend!

Obwohl ich nichts sage, scheine ich wohl zu lächeln, denn Ben fasst mein Schweigen positiv auf und sinniert fröhlich weiter herum: »Wir könnten uns in einem Zoo oder Tierpark niederlassen, vielleicht ja sogar auf einem Schloss oder einer Burg, wobei ich Ersteres für realistischer halte.«

»Ben, das klingt ja alles ganz fantastisch, aber meinst du nicht, du solltest einen Gang herunterfahren?« Ich versuche vernünftig zu bleiben. »Natürlich wäre das zu schön, um wahr zu sein, aber ...«

»Natürlich können wir es schaffen. Wir sind jung, motiviert und talentiert, warum sollten wir es nicht schaffen?«

Bens Ansprache und sein unbändiger Optimismus treffen irgendetwas tief in mir. All meine Sehnsüchte, Träume und schönen Gefühle der vergangenen Wochen und Monate sind auf einmal präsent: die tägliche Zusammenarbeit mit den Greifvögeln, die Zweisamkeit mit meinen Tieren, das Gefühl der Freiheit, wann immer ich einem meiner Vögel beim Erklimmen des Himmels zusehe. Dieser tiefe Wunsch, noch viel mehr in das Leben als Falknerin einzutauchen, mit Haut und Haaren, all das erkämpft sich gerade den Weg an die Oberfläche.

»Du hast recht. Es gibt nichts, was ich mir mehr wünsche. Ich möchte kein Leben führen, in dem ich irgendwann etwas bereue.«

»Also ...?« Ben sieht mich mit großen Augen an und wartet geduldig auf meine endgültige Antwort.

»Also gut. Wir wagen das. Wir wagen die Selbstständigkeit mit unserer eigenen Falknerei. Aber ...«, meine Stimme wird lauter, während Ben die Augenbrauen hebt, »für mich kommt nur eine Burg infrage! Nichts anderes. Es muss eine echte Burg sein. Falknerei und Burg, das gehört doch zusammen!«

»Oje, na, das kann ja heiter werden«, sagt Ben und lächelt – jetzt ein bisschen gequält. Er weiß genauso gut wie ich, dass freie Falknergelände eine Rarität sind, erst recht, wenn es sich um Burgen, die Crème de la Crème unter den Falknerarealen, handelt.

*

Die Uni macht mir bisher großen Spaß, ich mag die wirtschaftlichen und mathematischen Fragestellungen und gehe gerne in die Vorlesungen, obwohl es nicht im Entferntesten an die Zeit im Freien mit meinen Vögeln heranreicht. Heute ist mein Geburtstag. Ich werde fünfundzwanzig. Die Greifvögel sind nun schon seit vielen Jahren Teil meines Lebens. Nie hätte ich gedacht, dass ich es einmal genießen würde, diesen Tag an der Uni zu verbringen, aber es macht mir gar nichts aus. Für heute Abend hat Ben einen Tisch bei meinem Lieblingsitaliener reserviert, darauf freue ich mich schon sehr.

Was ist das nun wieder für ein komischer Scherz?, denke ich, als Ben mir noch vor unserem ersten Gang feierlich einen Link auf seinem Handy präsentiert. »Es tut mir leid, dass ich es nicht schöner verpacken konnte«, sagt er grinsend und wirkt ungeduldig. Skeptisch klicke ich auf den Link. Sofort baut sich eine mittelalterlich gestaltete Homepage auf; *Burg Greifenstein*. Völlig perplex klicke ich mich durch ein paar Reiter der Website.

»Was soll das sein?«, frage ich.

»Diese Burg hab ich über einen alten Zeitungsartikel gefunden und schon ein bisschen recherchiert. Du musst dich nur noch dort melden, auf der Homepage steht eine E-Mail-Adresse für Anfragen. Sie suchen neue Pächter. Du wolltest eine Burg, du bekommst eine Burg. Happy Birthday, Liebling.«

Ich bin gerührt von Bens Einsatz und etwas verwirrt zugleich. So ganz kann ich es noch nicht glauben. Und das mit der Burg hatte ich doch halb flapsig nur so dahingesagt. Obwohl ein Teil von mir es natürlich sehr ernst gemeint hat. Das muss Ben gespürt haben. Er hat es sich zu Herzen genommen und tatsächlich eine Burg für mich gefunden. Pünktlich zu meinem Geburtstag. Ich bin in diesem Moment sehr glücklich und dankbar, dass Ben und ich uns getroffen haben.

Wo befindet sich Burg Greifenstein überhaupt? Thüringen. Oje. Das erscheint mir in diesem Moment sehr weit weg. Ich war noch nie in Thüringen und habe bis jetzt auch noch nie viel über dieses Bundesland nachgedacht, geschweige denn darüber, dass ich mich vielleicht einmal für eine Burg dort interessieren würde. Auf einmal kommt mir alles unglaublich surreal vor, und mir ist mulmig. Mit einem so schnellen Fortschritt habe ich nicht gerechnet. Sollte es wirklich so einfach sein? Ich mag es, alles genau zu durchzudenken und zu planen. Wenn die Dinge die Beine selbst in die Hand nehmen, fühle ich mich normalerweise schnell verunsichert. Doch gerade das scheint möglicherweise gerade zu passieren. Mir ist mulmig, ja, aber ich bin gleichzeitig Feuer und Flamme.

»Ohhh … danke, Ben!«, kriege ich schließlich heraus und umarme ihn. »Du bist unglaublich. Ich habe total Lust darauf. Aber das geht jetzt schon ziemlich flott, haben wir das überhaupt ausreichend bedacht?«

»Was soll schon dagegensprechen? Lass es uns ausprobieren!«

»Ja, gut, lass uns eine Mail schreiben! Hier steht, die Burg liegt in Thüringen. Ich war noch nie im Leben in Thüringen. Aber ich kann es kaum erwarten, mal dorthin zu fahren!« Die Euphorie sprudelt aus mir, auch wenn ich innerlich noch Zweifel und Unsicherheiten verspüre. Es ist, als arbeiteten zwei sich abstoßende Pole gegeneinander.

Während ich Milo noch am selben Abend zusehe, wie er seine Kreise am Abendhimmel zieht, denke ich weiter über das Leben mit eigener Falknerei nach. *Das hier jeden Tag und den ganzen Tag, für immer*, rufe ich mir ins Gedächtnis, meinen Blick dabei liebevoll auf den Adler gerichtet. Etwas Schöneres und Reizvolleres kann ich mir tatsächlich nicht vorstellen, die Idee von der Burg in meinem Kopf zu pflanzen war wirklich das liebste Geschenk, das Ben mir hätte machen können. Trotzdem verunsichert mich der Gedanke an einen solch großen Schritt sehr, all die Risiken, Hürden und dann noch die Entfernung.

Am nächsten Morgen kommt sie auch schon, die Antwort aus Thüringen: »Ja, die Stelle ist noch unbesetzt. Wann wollen Sie vorbeikommen?«

Die knappe Formulierung finde ich zunächst etwas befremdlich, sie enthält nichts Herzliches oder Einladendes. So starte ich die Reise Anfang August nach Thüringen mit gemischten Gefühlen.

Wie auch schon bei der Tour ins Zentralmassiv müssen wir die Fahrt an einem Tag erledigen, da wir die Versorgung unserer Vögel nicht für länger als einen Tag aus der Hand geben können. Balu nehmen wir mit. Falls er zukünftig Burgherr werden soll, muss er sich sein Territorium auch vorher ansehen dürfen, so scherzen wir herum. Ich freue mich auf unser Ziel, aber es fühlt sich so an wie bei einem Ausflug, nicht, als besuchte ich meinen möglichen zukünftigen Arbeits- und Lebensmittelpunkt. Zu unreal, zu unwirklich ist die Vorstellung, dass wir auf einer Burg (Hallo? Einer Burg!) eine Falknerei (Ja. Genau. Eine Falknerei!) eröffnen könnten.

Ben hat sich schon eingehend mit der Geschichte der Burg befasst und referiert fröhlich verschiedene Daten und Fakten. »Die Burg Greifenstein ist eine der größten Burgen Deutschlands und wurde im Jahre 1137 erstmals schriftlich erwähnt. Die Burg war für lange Zeit der Sitz des Schwarzburger Stammes, bevor der 1304 auf Burg Greifenstein geborene und spätere deutsche König Günther XXI. seinen Hauptsitz nach Rudolstadt verlegte. Ab diesem Zeitpunkt wurde die Burg leider nicht mehr instand gehalten und dem Verfall überlassen, 1800 stürzte schließlich der Hauptturm ein.« Ich lausche gebannt.

»Oh Gott, wie schön es hier ist!«, rufe ich laut aus. Von Verfall keine Spur. Die Natur rund um die beachtliche Burg ist voll erblüht, die Augustsonne strahlt, und von überallher höre ich verschiedene Vogelgesänge.

»Wir haben noch eine halbe Stunde Zeit bis zum Termin,

lass uns doch mit Balu um die Burg laufen«, schlage ich vor, während mein Blick auf den jahrhundertealten Gemäuern haftet und ich aus dem Staunen nicht mehr herauskomme.

»Wahnsinn, wie gut die Burg erhalten ist.« Während unseres Spaziergangs betrachte ich jeden kleinsten Winkel eingehend. Burgen haben mich schon immer fasziniert, gerne habe ich in meiner Jugend Märkte auf Burgen besucht, um etwas in die mittelalterliche Stimmung hineinzuschnuppern. Lebendiger und näher kann man Geschichte kaum fühlen!

»Ja. Es gab wohl ab 1821 erste Restaurierungsversuche, die waren aber eher kleinerer Natur. Ab 1925 wurde dann der große Hauptturm, den wir schon vom Fuße des Berges sehen konnten, wiederaufgebaut. Seit 1962 kümmert sich nun ein Verein um die Erhaltung und Restaurierung der Burg, und genau mit dessen Vorsitzendem haben wir gleich unseren Termin.« Ben setzt sein Referat fort. Wir schlendern im Schatten der großen, alten Bäume zum Haupttor, um uns zum Treffen mit den Greifensteinfreunden, so der Name des Vereins, zu begeben.

Im Burghof angekommen, werden wir schon freundlich erwartet, ein älterer Herr kommt uns fröhlich entgegen und begrüßt uns eifrig. »Mein Name ist Berthold«, stellt er sich direkt mit Vornamen vor und schüttelt uns beiden die Hand. »Und du musst Balu sein«, begrüßt er nun auch unseren kleinen Freund. Offenbar hat er sich schon eingehend mit uns befasst, er kennt sogar den Namen unseres Vierbeiners. Das Gegenteil von dem, was ich nach der ersten Nachricht zu urteilen erwartet hätte. Sie kann unmöglich von diesem Mann verfasst worden sein.

»Dann will ich euch mal herumführen«, setzt er hinzu und macht einen kleinen Wink mit seiner Hand. Wir folgen Berthold, der ein beachtliches Tempo vorlegt. Wir überschreiten eine große Holzbrücke direkt hinter einem massiven Eisentor und durchqueren anschließend einen großen Hof. Überall stehen kleine elektronische Informationssäulen, die interessierte Besucher über die Burg aufklären. Auf einmal fühle ich mich wie auf einer Zeitreise, die alten Gemäuer bringen mich in einen zauberhaften Zustand.

»Das hier ist die Fläche der Falknerei.« Berthold führt uns auf eine riesige Freifläche am anderen Ende der Burg. Jetzt sehe ich, warum Burg Greifenstein zu den flächenmäßig größten Burgen in ganz Deutschland zählt. Wir stehen genau gegenüber von dem Hauptgebäude, vor dem wir uns soeben getroffen haben. Zwischen uns und dem Gebäude liegen wohl deutlich über einhundert Meter.

Schüchtern und interessiert sehe ich mich um, das hier ist kein einfacher Ausflug mehr für mich. Auch Ben scheint vereinnahmt von dem Gelände.

»Na, misst du schon für Volieren aus?«, versuche ich meine Nervosität durch einen Scherz zu überspielen.

»Haha, ja, das ist eigentlich keine schlechte Idee!« Er wirkt glücklich. Ehrfürchtig gehe ich über das Gelände und versuche mir diese leere Fläche als zukünftige Falknerei vorzustellen. Die südwestliche Burgmauer ist nur hüfthoch und gibt den Blick auf das wunderschöne und weitläufige Tal frei, in dem sich die Stadt Bad Blankenburg befindet, auf die man eine wunderbare Sicht hat. Mir weht eine laue Sommerbrise ins Gesicht, und ich sehe nun tatsächlich Milo und Kayla vor Augen, wie sie sich durch die warme aufsteigende Luft immer höher tragen lassen. Dieser Gedanke verschlägt mir den Atem, denn ich habe das Gefühl, mich zielgerichtet in Richtung meiner Träume der vergangenen Monate zu bewegen. Vor

Ehrfurcht wie erstarrt, lasse ich meinen Blick über das Tal schweifen.

Neben mir pinkelt Balu an die Burgmauer und bringt mich zurück ins Hier und Jetzt. Ich rümpfe verärgert und beschämt die Nase. »Ey, lass das. Wir waren doch gerade erst spazieren!«, tadele ich flüsternd den kleinen Hund. Balu sieht mich aus großen braunen Hundeaugen an. »Dir gefällt die Burg also? Du möchtest sie als ›dein Reich‹ markieren?«, frage ich ihn, während ich seinen Kopf tätschele.

Ich drehe mich nun mit dem Rücken zum wundervollen Tal und betrachte die Fläche genauer. Es ist so viel Platz, hier könnten wir passende Volieren für all unsere Vögel errichten, eine eigene kleine Falknerhütte, und auch für eine kleine Hundehütte würde sich sicherlich noch ein geeigneter Ort finden.

Der Burgberg ist ein sogenannter Kegelberg, er ist also wie ein Kegel geformt. Da die umliegenden Berge alle höher sind, gibt es auf dem Berg Greifenstein keine Fallwinde, sondern auf Brusthöhe schon Aufwinde und Thermik. Eine perfektere Ausgangslage könnte für Greifvögel nicht herrschen.

Wie ein Zeichen des Himmels fällt mir auf einmal ein Roter Milan auf, welcher südlich von uns auf Burghöhe seine Kreise zieht.

»Ben, sieh mal! Der Milan!«, rufe ich über die Anlage, und auch Ben verharrt in seiner Bewegung. Der kleine Vogel mit den großen Flügeln und dem charakteristischen v-förmigen Stoß schraubt sich zusehends höher, wie im Aufzug ist er nicht mal eine Minute später weit über uns am Himmel.

»Die Burg liegt in rund vierhundert Metern Höhe, ich schätze, der Milan ist derzeit locker auf sechshundert Meter. Beeindruckend, wie schnell das ging!«, sagt Ben zu mir, während wir beide weiter einen der schönsten heimischen Greifvögel beobachten. Berthold hat uns mittlerweile allein gelassen und spaziert einige Meter entfernt von uns.

»Und was sagst du?«, frage ich Ben ernst und schaue ihm tief in die Augen. Er wendet den Blick ab und schaut in die Ferne.

»Es ist so wunderschön hier.«

»Alles aufgeben, hier neu anfangen. Das ist ein ganz schönes Risiko«, gebe ich ihm zu bedenken.

»Gefällt es dir hier denn nicht?«, fragt er. Ich denke daran, wie Ben alles darangesetzt hat, eine Burg zu finden, und wie glücklich er mich damit gemacht hat.

»Doch, und wie. Die Burg, die Landschaft, es ist einfach nur wunderschön hier. Ich kann mir keinen perfekteren Ort für unsere Vögel und eine Falknerei vorstellen. Dies hier ist der wahr gewordene Traum eines jeden Falkners.«

»Na, dann spricht doch nichts dagegen«, sagt Ben und lächelt.

Dann nähert sich Berthold wieder. »Unser Vereinsvorsitzender, Herr Krämer, ist auch gleich hier. Ich würde vorschlagen, wir setzen uns mal zusammen in unser Vereinszimmer, dann können wir noch weitere Fragen beider Seiten klären.«

Unter regem Informationsaustausch beantworten wir den beiden Fragen zu unserem bisherigen Werdegang. Sie erklären uns alles zu Pachtmöglichkeiten, den bisherigen Falknern hier auf der Burg und den generellen Vorstellungen des Vereins. Ich spüre, dass die beiden uns in ihr Herz schließen, und am Ende versichern sie uns, dass sie uns gerne als neue Greifenstein-Falkner begrüßen würden. Wir müssen es uns nur überlegen.

Ab diesem Moment sind Ben und ich aufgeregt wie nie.

Zurück zu Hause können wir keine Sekunde stillschweigen und plappern wie wild durcheinander.

»Das ist doch fast zu gut, um wahr zu sein. Kein Punkt, der abschreckt, nichts wirkt unfair oder berechnend«, resümiere ich. Dies scheint die Chance meines Lebens zu sein! Die positiven Argumente lassen sich einfach nicht von der Hand weisen. Unser gesamtes Leben im Rheinland, Freunde, Familie, unsere gewohnte Umgebung, mein Studium, all das hinter uns zu lassen sollte aber wohlüberlegt sein. Wäre es das Risiko wirklich wert? Ich weiß, dass ich vernünftig sein muss, und habe auch die finanzielle Ungewissheit im Kopf.

Noch die ganze Nacht liege ich wach und sinniere über Für und Wider, an Schlaf ist nicht zu denken. Gedanken rasen mir durch den Kopf, Skepsis kommt, doch mein tiefer innerer Wunsch, es zu wagen, ist sehr stark.

Beim Frühstück am nächsten Morgen schwärme ich vom Ausblick von der Burg, der Weitläufigkeit des Geländes und all den anderen Vorteilen. Will ich wirklich später im Leben einmal bereuen, diese Chance nicht ergriffen zu haben? Nein, das will ich wahrhaftig nicht. Familie und Freunde werden nicht aus der Welt sein, man kann sich besuchen. Und auch das Studium kann ich sicherlich irgendwann fortführen, wenn ich das möchte.

Bei dem Gedanken an die Burg muss ich daran denken, wie ich, kurz nachdem ich damals mit Hannah die erste Flugshow besucht hatte, alles über Falknerei gelesen habe, was ich finden konnte. Ich erinnere mich daran, was ich über die Ursprünge der Falknerei gelernt habe und wie fasziniert ich damals davon war. In Zentralasien hat man die Beizjagd, also die ursprünglichste Form der Falknerei, schon 2205 v. Chr. ausgeübt. Bei den Mongolen gab es den Adlermann, den Berkutschi, welcher zu Pferd die Jagd mit dem Steinadler betrieb. Während der Völkerwanderungen im vierten Jahrhundert kam die Falknerei dann nach Europa, wo sie zum Adelsprivileg erkoren wurde. Ein wahres Meisterwerk schrieb Kaiser Friedrich II., ein begeisterter Anhänger der Falknerei. Es heißt *De arte venandi cum avibus – Von der Kunst mit Vögeln zu jagen.* Noch heute stellt diese Schrift ein ornithologisches und falknerisches Standardwerk dar. Der Kaiser war seiner Zeit durch Forschung und Naturbeobachtungen weit voraus, und näher als durch eine eigene Falknerei auf einer Burg könnte ich diesem Schirmherr der Falknerei wohl nur schwerlich kommen. Ein Gefühl der Ehre macht sich in mir breit, in die Fußstapfen dieses Befürworters und Schutzpatrons der Falknerei zu treten. Ich höre das Blut in meinen Adern rauschen, und instinktiv weiß ich, dass es genau das ist, was ich will. Genau wie ich damals nach der ersten Flugshow wusste, dass ich mit Greifvögeln zusammenarbeiten möchte, so weiß ich jetzt, dass dies mein vorbestimmter Weg ist.

»Wir machen das!«, sage ich zu Ben, und ich weiß, dass meine Augen strahlen, als ich ihn ansehe. »Okay, wir machen das!«, antwortet er und lächelt überglücklich.

TEIL DREI

Willkommen auf Burg Greifenstein

Planen, Planen, Planen

Wir wollen schon im Februar nach Thüringen umziehen, daher muss jetzt alles ganz schnell gehen, und wir beginnen schon im September zu planen: Es muss so viel erledigt werden, damit wir auch tatsächlich alles so umsetzen können, wie wir möchten. Vor allem brauchen wir einen Kredit, um das riesige Anwesen der Burg Greifenstein pachten zu können. Das Planen, Ausfüllen von Anträgen und Vereinbaren von Terminen mit Behörden nimmt mich so sehr ein, dass mir gar keine Zeit mehr für Bedenken oder Zweifel bleibt. Ich bin voller Vorfreude und Aufregung.

»Hey, Elise? Was machst du da?« Ich bin gerade auf einer kleinen Runde durchs Revier mit meiner kleinen Schakalbussarddame. Elise ist inzwischen flügge und somit flugfähig. Bis sie so geübt wie die anderen Vögel ihre Runden drehen kann, werden allerdings noch ein paar Wochen vergehen.

Seit ein paar Tagen wird sie mutiger und wagt sich auch mal ein paar Meter weiter von mir weg. Gerade ist sie wie eine Wahnsinnige in eine Hecke geschossen, aus der in derselben Sekunde ein wilder Habicht panisch hervorflog.

»Was zum Teufel …?« Völlig verdutzt verschlägt es mir die Sprache. Ich laufe zu dem Gebüsch und suche nach Elise.

»Piep. Piep.« Madame begrüßt mich neben einer halben Taube sitzend. Offenbar hat der Habicht Beute gemacht, und Elischen hat das mit ihren scharfen Augen entdeckt. Allerdings scheint sie sich ebenso sehr vor dem wilden Kumpan erschreckt zu haben wie er vor ihr.

»Och, Elise. Wie gemein. Das ist doch nicht deine Taube!« Elise hat durch den Schreck das Interesse an der Taube gänzlich verloren. Glücklich, mich zu sehen, krabbelt sie aus der Hecke, und wir gehen weiter unseres Weges, in der Hoffnung, dass der arme Habicht sein Mahl wieder aufnehmen wird.

Seit diesem Tag hält Elise sich von wilden Greifvögeln fern, was mir natürlich nur recht ist.

Unterwegs denke ich ununterbrochen an die Zukunft und was sie für mich wohl bereithalten mag. Ich kann mir kaum ausmalen, was für ein Abenteuer, aber auch welche Herausforderungen da nun an meine Tür klopfen. Jetzt heißt es, mit dem Burgverein einen Vertrag auszuhandeln, ein Schreiner will gefunden werden, ein Finanzplan muss erstellt werden, und dann kommt noch die wohl größte Hürde: einen Kredit bewilligt zu bekommen. Das wird nicht einfach werden. Wir haben keine Ersparnisse oder Sicherheiten, nur eine abgeschlossene Ausbildung vorzuweisen. Warum sollte eine Bank sich darauf einlassen, uns Geld zu leihen? Doch ich stehe jetzt so nahe vor der Erfüllung meiner Träume, dass es irgendwie klappen muss, und ich werde alles daransetzen.

*

Der Zeltplatz neben einem kleinen See nicht weit von Burg Greifenstein entfernt ist ruhig und idyllisch. Wir sind hierhergekommen, um unsere Gedanken noch einmal zu sortieren,

Wünsche zu priorisieren und uns über die Zukunft klar zu werden. Ich gehe alles, was wir uns für den kommenden Tag vorgenommen haben, noch einmal durch, während die Grillen zirpen und die Sonne langsam hinter den Bäumen verschwindet. Die Natur hilft mir sehr, die aufgewühlten Nerven ein wenig zu beruhigen. Auch wenn dies erst der Beginn einer großen Reise ist, ist schon jetzt alles unendlich aufregend für mich.

Am nächsten Morgen geht es los mit einer Reihe von Terminen. Bank, Bürgermeister und verschiedene Ämter stehen auf der Agenda. Dies ist der erste Tag, und was ich jetzt noch nicht weiß, ist, dass wir in der gesamten Planungszeit von September bis März die neunhundert Kilometer einer Hin- und Rücktour über zehn Mal fahren werden, häufig nur für eine einzige Unterschrift.

Als Erstes treffen wir uns mit einem Unternehmensberater in Saalfeld, Herrn Bremer. Er ist ein sehr netter Mittdreißiger mit einer Spezialisierung auf Unternehmensgründungen, perfekt also für uns. Ziel ist es, mit Herrn Bremer erfolgreich einen Plan zur Errichtung unserer Falknerei auszuarbeiten. Von diesem Plan hängt alles ab, denn er dient dazu, die Bank von unserem Vorhaben zu überzeugen und somit die Kreditbewilligung an Land zu ziehen.

»Ich benötige von euch eine genaue Aufstellung, wodurch ihr Geld einnehmen wollt, das heißt, wie ihr euer Leben und einen Kredit finanzieren würdet, welche laufenden Kosten ihr habt und welche einmaligen Anschaffungskosten. Das Kreditvolumen muss natürlich auch begründet werden. Idealerweise sendet ihr mir jeweils noch einen Lebenslauf, natürlich mit Schwerpunkt auf allem Nützlichen für unser Vorhaben, sprich

Falknerei-Jobs, Praktika und was ihr da noch vorzuweisen habt.«

»Das können wir gerne machen. Ich nehme mal an, je schneller, desto besser?«, frage ich ihn.

»So ist es, die Zeit drängt, denn die Bewilligung wird einige Zeit dauern.« Mit einer langen To-do-Liste verlassen wir Herrn Bremer, trotz des Riesenhaufens an Arbeit fühle ich mich motiviert und voller neuer Energie. Das Gefühl, dass es weitergeht, ist einfach zu schön.

Als Nächstes geht es zur Unteren Naturschutzbehörde. Der für uns zuständige Amtsmitarbeiter ist Hobbyornithologe und auf dem Gebiet der Greifvögel sehr bewandert. Somit fühle ich mich mit ihm direkt auf einer Wellenlänge. »Ja, nun. Ich würde Ihnen vorschlagen, eine zoologische Einrichtung zu betreiben. Es gibt feste Vorgaben, die Sie erfüllen müssten. Ich kann Ihnen gerne die Richtlinien ausdrucken, dazu zählen ganz grob erklärt zum Beispiel eine adäquate Beschilderung, die Erfüllung eines Lehrauftrags und ein Nutzen in der Forschung.« Unsere Falknerei soll in Zukunft rein rechtlich als Zoo geführt werden. Das ist mir völlig neu! Wie lustig! Ich freue mich schon, zukünftig »Zooinhaberin« zu sein.

»Dann fehlen uns ja nur noch Tiger und Elefanten«, erkläre ich lachend dem netten Herrn vom Amt.

»Ja, genau. Wobei ich glaube, dass Ihre Adler auch schon sehr respekteinflößend sind.«

»Wenn Sie wüssten«, wieder muss ich lachen.

Mittlerweile ich es Nachmittag. Ich spüre, wie sehr ich die Vögel vermisse, und bin froh, als wir wieder zu Hause bei unseren Tieren ankommen. Ich lasse es mir nicht nehmen, noch am Abend in unserem kleinen Gartengrundstück vorbeizuschauen. Zwar wurden die Tiere heute alle von einer befreundeten Falknerin versorgt, doch nach dem Rechten sehen muss ich einfach trotzdem. Es dämmert schon, und meine Liebsten sitzen auf den Schlafplätzen in den Volieren. Während Dexter schon den Kopf unter seinen Flügel gesteckt hat und schläft, begrüßen mich Elise und Kayla mit zaghaftem Piepen. »Ja, ich bin wieder da. Ich freue mich auch, wieder bei euch zu sein«, flüstere ich ihnen zu, um die schon schlafenden Vögel nicht unnötig zu stören.

Wieder einmal bestätigt sich der Weg, den ich einschlagen werde: Ohne meine Vögel fühle ich mich einfach nicht vollständig, von ihnen getrennt zu sein behagt mir ganz und gar nicht.

Unsere Projektidee gefällt der Bank, doch wie überzeugen wir die Geldgeber nun davon, dass das Projekt auch zukunftsfähig und erfolgreich sein wird? Die erste Idee ist, das Unternehmen über die KfW, das Kreditinstitut für Wiederaufbau, laufen zu lassen. Wir sind voller Hoffnung und Überzeugung, dass sie unser Projekt lieben werden! Doch leider klappt der Plan nicht, denn ein solcher Antrag wird grundsätzlich über eine Hausbank gestellt. Und zu unserem Pech weigert sich unsere Bank wegen mangelnder Erfolgsaussicht, den Antrag weiterzureichen. So ein Mist!

»Unsere Hauptstelle denkt, dass das Projekt nicht gefördert werden würde. Wir hier in der Geschäftsstelle glauben aber ganz fest an Sie und Ihren Plan. Wir wollen Sie unbedingt fördern und unterstützen«, erklärt uns unser Sachbearbeiter zu meiner Verwunderung. Die Zweigstelle glaubt an uns, Herr Bremer hat bereits mit der KfW gesprochen, sie halten das Projekt ebenfalls für lohnenswert, und trotzdem weigert sich die Hauptstelle, den Antrag weiterzuleiten. Zum Wechseln der Bank ist es zu spät, eigentlich müsste der Kreditantrag längst laufen. Ich bin völlig entsetzt.

»Was machen wir denn jetzt, Ben?«, frage ich ihn vor der Bank, wir haben uns eine kurze Unterbrechung zur Besprechung erbeten.

»Das weiß ich nicht, Sandra. Du bist der Kopf hinter unserem Projekt, hast du eine Idee?«

»Ein Plan B muss her, und zwar schnell«, sage ich kämpferisch. Aufgeben, bevor es so richtig begonnen hat? Das kommt gar nicht infrage!

»Nun. Was würden Sie tun, wenn der eigentliche Plan nicht funktioniert?«, frage ich unseren Berater, als wir zurück in seinem Büro sind. Meine mangelnde Begeisterung ist mir sicherlich anzumerken. Die alternative Idee unserer Hausbank ist es, eine Bürgschaftsbank mit ins Boot zu holen. Das heißt zwar im Gesamten eine höhere finanzielle Belastung durch weitere Zinsen, wird uns aber schlussendlich unseren Traum sichern. Diese Bank würde als Bürge auftreten, bei der KfW wäre der Staat unser Bürge gewesen. Mangels Alternativen entscheiden wir uns also für die Variante mit der Bürgschaftsbank. Aber auch diese Bank muss natürlich noch überzeugt werden. Unser Businessplan muss zunächst für sich sprechen, bevor mit der Bürgschaftsbestätigung dann der eigentliche Kreditantrag in Angriff genommen werden kann.

»Es ist wirklich ärgerlich. Dadurch werden wir um bestimmt zwei oder drei Monate zurückgeworfen. Aber andererseits haben wir noch eine Option gefunden, die funktionieren könnte«, sage ich nach dem Gespräch zu Ben.

»Schaffen wir das denn dann überhaupt noch?«, fragt er

mich besorgt. Alle Verhandlungen und Anträge bei den verschiedenen Banken regele ich, Ben vertraut mir hier, es ist nun also an mir, ihn zu beruhigen.

»Ja natürlich. Das wird schon funktionieren! Wir dürfen nur nicht aufgeben. Steine werden aus dem Weg gekickt und Hürden übersprungen!«, versuche ich ihn aufzumuntern. Es soll wie befürchtet noch sehr lange dauern, bis alle Anträge geprüft, alle Nachweise und Leistungen erbracht werden.

*

Die nächsten sechs Monate sind nervenaufreibend. Über ein halbes Jahr lang zu bangen, ob der Lebenstraum in Erfüllung geht oder alles an den Geldmitteln scheitern wird, ist eine Nerven- und Zerreißprobe. Familie, Freunde und Bekannte fragen bei jedem Treffen nach Neuigkeiten, monatelang gibt es von mir die gleiche Antwort: »Wenn der Kredit bewilligt wird, dann geht es los.« Die tägliche Arbeit mit den Tieren ist eine der Grundsäulen, die mich in dieser Zeit des Wartens und des Bangens nicht gänzlich verzweifeln lässt. Weiterhin nimmt natürlich alles seinen Lauf: Ich bin täglich bei den Vögeln, lasse sie ihren Freiflug genießen und säubere und reinige ihre Volieren. Die Wochenenden nutzen Ben und ich, um uns intensiv um unsere geflügelte Familie zu kümmern.

Mein Andenadler Kayla macht immer mehr Fortschritte, sie fliegt immer größere Strecken, wagt sich auch mal in einige Entfernung von mir weg und zeigt, dass sie langsam, aber sicher heranreift. Durch die Erfahrung von Weißkopfseeadler Milo können wir Kayla ermutigen, über sich hinauszuwachsen und schöne und weite Flüge zu zeigen. Selbstbewusst ahmt der junge Adler den älteren in seinen Flugmanövern nach.

Vor meinem endgültigen Umzug im Februar nach Thüringen – ich werde zunächst allein hinziehen, weil Ben seinen Job im Kölner Zoo noch bis zum Frühjahr haben wird – leben wir noch einen Monat lang bei Bens Eltern, um ein bisschen Miete zu sparen. Das heimische Wohnzimmer wird kurzerhand zur Kampfzone erklärt, hier planen wir unsere Anlage, zeichnen unsere Vorstellungen der Vogelhütten und notieren all das, was noch dringend erledigt werden muss; die Liste ist verdammt lang. Während Ben weiterhin täglich arbeitet, habe ich mein Studium schon unterbrochen, um mich voll und ganz auf die Vorbereitungen konzentrieren zu können. Tatsächlich sind diese so umfassend, dass ich täglich voll ausgelastet bin. Uns bleibt nichts anderes übrig, als ohne Kreditzusage schon mit einigen Dingen loszulegen. Risiko! Sonst würden wir es zur Frühjahrssaison nicht schaffen. Was natürlich auf keinen Fall zu kurz kommen darf, sind unsere Vögel. Jeden Tag fahre ich in unsere Anlage und schenke meinen geliebten Tieren die Aufmerksamkeit und Pflege, die sie verdienen.

Schlag auf Schlag

»Hmmm. Nein, ich glaube, ich möchte die Hütte lieber hier aufstellen«, ich zeige auf eine leere Fläche und wische mir die fallenden Schneeflocken von meinen Lidern. Der Schreiner, Herr Mendel, tut mir ein wenig leid, in weniger als vier Wochen soll er hier unsere Volieren für die Vögel errichten. Es ist Anfang März 2018, die Eröffnung soll in weniger als einem Monat stattfinden. Kaum vorstellbar bei der Kälte, die hier gerade noch herrscht. An manchen Tagen bleibt die Temperatur stetig unter null. Ich bin schon offiziell Thüringerin. Wir konnten eine kleine, schöne Wohnung unten in der Stadt bekommen. Von dort aus sind es nicht mal zehn Minuten bis hoch auf die Burg. In meinem Kopf gibt es einen ganz genauen Plan, wie alles stehen soll. Natürlich gibt es auch eine Zeichnung, doch in der Realität nimmt man alles noch einmal anders wahr, was zu jeder Menge spontaner Änderungen führt. Der Plan, wie er aktuell besteht, ist schon Plan Nummer dreitausendvierhundertfünfundachtzig. Einfach haben wir es uns bei unseren Überlegungen definitiv nicht gemacht.

»So?« Wieder zeigt mir Herr Mendel anhand seines Zollstocks, wie er die Voliere stellen würde. Den Zollstock kann er dabei nicht auf dem Boden ablegen, denn dann würde er im Schnee versinken. Die gesamten letzten Tage schon hat es ununterbrochen geschneit, und die Burg versinkt in der weißen Pracht. Es ist ein wunderschöner Anblick. Für einen kurzen Moment vergesse ich, wie sehr der Schnee mich eigentlich stört.

»Ja. So ist es besser. Dann bekommen wir hier fünf in eine Reihe, sonst würde der Platz zu knapp«, erkläre ich ihm meine Beweggründe, sofern er diese überhaupt noch hören möchte. Er lächelt mich an und nickt. Ich stapfe ein paar Meter weiter durch den hübschen Puderschnee und verfluche ihn trotz seiner Schönheit. Wegen des Schnees geht es so langsam vorwärts, so ein Mist, denke ich mir, während ich den weiteren Plan der Volieren im Kopf durchgehe. Als wir sie im Winter zuerst skizzierten, konnten wir ja noch nicht mit dem Bau beginnen, da wir noch auf die Zusage der Bank gewartet haben. Als ich so durch den Schnee stapfe, erinnere ich mich an den Moment, der alles veränderte:

Es ist Ende Februar. Ich bin gerade mit meiner Mutter in einem Restaurant. Mein Bankberater ruft an, und ich flüstere Mama schnell meine Bestellung zu.

»Hallo, Herr Engels.«

»Frau Jung, perfekt, dass ich Sie erreiche. Ich habe Neuigkeiten für Sie.« Ich schweige, auf einmal klopft mein Herz unglaublich schnell, es rast. »Ihr Kreditantrag ist durch. Alle Gelder sind bewilligt. Sie können sofort anfangen, ab nächster Woche haben Sie Zugriff auf Ihre Finanzmittel.«

»Oh, Wahnsinn! Wirklich? Klasse! Mein Gott, dann müssen wir jetzt aber rund um die Uhr arbeiten, um bis Ostern fertig zu sein.« Ich kann mich nur schwer zusammenreißen, um nicht durch das Restaurant zu tanzen. Wie von selbst zucken meine Arme und Beine, die plötzliche Ausschüttung von Endorphinen können meine Muskeln anscheinend nicht so recht bewältigen.

»Das obliegt Ihnen. Ich wünsche Ihnen viel Erfolg und Kraft bei den Vorbereitungen. Bitte kommen Sie doch Anfang der Woche in meine Filiale, damit wir das weitere Vorgehen besprechen können.«

Ich falle meiner Mutter über den Tisch hinweg in die Arme und reiße dabei fast ihr Glas Wein zu Boden. »Mama, es hat geklappt! Jetzt kann es losgehen, bis Ostern wollen wir eröffnen!«

Zurück im Hier und Jetzt fühle ich wieder den Schnee unter meinen Füßen und sehe Herrn Mendel direkt ins Gesicht. Ich grinse, weil ich mich an diesen schönen Augenblick erinnere. Er hat keine Ahnung, was mit mir los ist.

»Schaffen die Schreiner das bis Ostern Ende März? Was ist mit dem Boden? Auf den Bildern sehe ich, dass es die reinste Schlammparty bei uns ist!« Bens Stimme am Telefon ist deutlich Besorgnis anzuhören.

»Natürlich schaffen die das. Die Männer sind superfleißig, und alles läuft bautechnisch derzeit wie am Schnürchen. Mach dir keine Sorgen wegen des Bodens. Es gibt bald besseres Wetter, dann trocknet der Schlamm ein. Und andernfalls müssen wir eben kostenlos Gummistiefel am Eingang ausgeben.« Ich versuche Ben mit meinem Lachen bis nach Köln anzustecken, doch es scheint nicht zu funktionieren.

»Ich finde das überhaupt nicht witzig, wenn unsere Besucher an Ostern bis zu den Knien im Schlamm stehen.«

»Jetzt hör auf, dir solche Sorgen zu machen. Die Stadt hat versprochen, ein paar Tonnen Kies für die schlimmsten Stellen zu liefern. Wir können es ansonsten nicht beeinflussen, also ärger dich nicht so viel. Mensch, Ben, wir haben doch schon weitaus größere Hürden gemeistert. Und jetzt mal zum Wesentlichen: Ich vermisse meine Vögel, wie geht es ihnen?«

»Allen geht's gut. Deine Kayla wird immer flugerfahrener, ich kann es kaum erwarten, dass sie ihre Schwingen über der Burg ausbreiten wird.«

»Du ahnst gar nicht, wie sehr ich mich darauf freue.«

Ich denke an meine Vögel, während ich den Schreinern bei ihren Arbeiten zusehe. Es geht trotz des schlechten Wetters gut voran, die Männer arbeiten ohne Unterlass. Auch ich streiche bei Eiseskälte und Schneefall schon die ersten Hütten, alles soll optisch astrein aussehen, wenn wir in dreieinhalb Wochen unsere Tore für die Besucher öffnen.

Ich wundere mich, wie sich nun doch alles so fügen konnte, und bin überglücklich. Manchmal kann ich es selbst noch nicht fassen, dass ich im tiefsten Winter ohne die Kreditbewilligung einfach so nach Thüringen gezogen bin, um alles in die Hand zu nehmen. Das war wohl das größte Risiko, das ich je in meinem Leben eingegangen bin. Und es hat sich gelohnt! Hier vor Ort ist es natürlich auch um ein Vielfaches leichter, Behördengänge zu erledigen. Die verschiedenen Ämter wie Veterinäramt und Untere Naturschutzbehörde haben Vorgaben, die wir als zukünftiger Zoo erfüllen müssen, und so stehe ich in ständigem Austausch mit ihnen. Es gibt Regeln für die Beschilderungen und Volierengrößen und sogar genaue Angaben, wie unsere Futterküche aussehen muss. Unsere Futterküche wird innerhalb eines Blockhauses errichtet, das heißt, das Holz muss auch von innen noch abwaschbar sein. Ich plane, Plexiglas und Lack zu verwenden, und bin zuversichtlich, dass es funktioniert. Das Futter muss sauber und fliegensicher aufgetaut werden können, und auch der Boden muss feucht zu wischen sein.

Das Streichen der Vogelhütten nimmt die meiste Zeit in Anspruch, jeden Tag schwinge ich, solange es das Licht zulässt, den Pinsel.

Eine Woche vor unserer Eröffnung sitzen Ben und ich auf einer Bank in unserer Falknerei und schauen mehr als stolz auf das, was wir erreicht haben. Ben ist endlich dauerhaft hier, um mich zu unterstützen. Ich muss lachen. »Völlig verrückt. Wie kann man so etwas nur machen? Es war alles ganz schön riskant und rasant. Im Nachhinein bin ich froh, dass es nicht nach hinten losgegangen ist. Unsere Wohnung im Rheinland haben wir gekündigt, eine neue in Thüringen schon seit Februar angemietet. Und immer auf die Zusage der Bank gewartet. Aber ich wusste, dass es klappen würde. Es musste ja klappen, wir hatten keine Alternative, haha.«

Unsere Eröffnung ist schon überall in der Presse angekündigt. Ob wir das schaffen würden, war so lange Zeit unsicher, und nun steht es schwarz auf weiß in der Zeitung geschrieben.

Ich richte meinen Blick auf unsere zufriedenen Vögel, und alle Schwierigkeiten der letzten Monate wirken wie ein weggeblasen. Sogar der Boden ist getrocknet, kein Schlamm mehr weit und breit.

»Wenn wir uns was in den Kopf gesetzt haben, dann bringt uns nichts und niemand mehr davon ab.« Ben lächelt mich an und greift zärtlich nach meiner Hand. Die Sonne scheint heiter am Himmel, in diesem Moment ist alles, so wie ich es mir seit Monaten erträumt habe. Ich beobachte meine geliebten Vögel. Kayla nimmt gerade ein ausgelassenes Bad, offenbar fühlt sie sich hier schon heimisch, während auch Elise Komfortverhalten zeigt und sich einer ausgiebigen Gefiederpflege widmet. Zufrieden lächele ich und schließe die Augen, um mir das Gesicht von der Sonne wärmen zu lassen.

Bis zur Eröffnung müssen sich unsere Tiere an die neue Umgebung und die neuen Gegebenheiten gewöhnen. Mittlerweile sind sie alle wohlbehalten in ihrem neuen Zuhause angekommen. »Quereinsteiger gesucht«, lese ich während unserer Kaffeepause auf *bento*, dem Jugendonlineangebot des Spiegels. »Hmmm, na wenn ich kein Quereinsteiger bin, dann weiß ich auch nicht.« Ich habe ja nichts zu verlieren, denke ich, also beschreibe ich in einer kurzen Mail an die angegebene Adresse meine Geschichte von der Laborratte zur Falknerin auf einer Burg. Mal sehen, ob die Geschichte Anklang findet, ich selbst finde sie recht erheiternd.

Milo steigt an diesem Tag schon gleich bei seinem ersten Freiflug hier über Burg Greifenstein in den Himmel empor, Ben und ich lachen vor Freude und grinsen uns zufrieden an.

»Das hat der kleine Kerl in Hellenthal ja gelernt. Wie man den Himmel erklimmt, das weiß er inzwischen.«

»Oh ja, aber auch wir haben so viel von dort mitgenommen. Ich bin froh, diese Falknerei hier mit all diesem Wissen aufzubauen«, antworte ich ihm.

Auch Berthold steht neben uns, er wollte sich den ersten Adlerflug nicht entgehen lassen. Herrschte früher hier das Gerücht, um die Burg herum gäbe es keinerlei Thermik, so belehrt Milo ihn gerade eines Besseren und erfüllt uns so mit Glück und Stolz.

»So, dann zeig Berthold noch, wie das aussieht, wenn ein Adler stürzt«, flüstert Ben mir zu, und ich verstehe sofort.

»Milo! Top!«, rufe ich den Adler, und sofort legt er seine

Schwingen eng an, um sich im Sturzflug auf meinen Handschuh fallen zu lassen, wo er genüsslich die angebotene Belohnung verschlingt. Berthold scheint sichtlich begeistert, unsere kleine Showeinlage ist also geglückt.

In dieser Woche bekommen wir Unterstützung durch zwei gute Freunde, Fabian und Julian, die uns beim Streichen, Errichten der Falknerhütten und dem Zimmern der Zuschauerbänke tatkräftig helfen. »Puhh, so. Nach wochenlangem Streichen wäre das endlich erledigt. Jetzt müssen wir noch die große Falknerhütte aufbauen«, verkünde ich den nächsten Punkt unserer langen Liste.

»Fünf mal fünf Meter, ist das wirklich euer Ernst? So groß war meine erste eigene Wohnung«, lacht Julian über das Ausmaß unserer Hütte. »Wir haben eben sehr viel Equipment«, versuche ich mich herauszureden.

Mein Handy piepst, und ich sehe das kleine Briefsymbol auf meinem Display.

»Super, *bento* hat schon geantwortet. Das ging aber flott.« Ich öffne die Mail und lese: »Hallo Sandra, deine Geschichte interessiert uns total. Wir würden sie unbedingt gerne bringen. Hast du in den kommenden Tagen irgendwann Zeit für ein Telefoninterview?« Toll! So kurz vor der Eröffnung in einem Onlinemagazin mit einer solchen Reichweite erscheinen, das Glück scheint mir hold. Ich verabrede mich gleich für den nächsten Tag mit dem Redakteur für ein Interview am Telefon.

Wir telefonieren fast eine Stunde, er wirkt ehrlich begeistert von meiner Geschichte, so macht das Interview mehr den Eindruck eines netten Gesprächs. Ich habe große Freude, von meinem Werdegang zu berichten, und die freundliche Stimme am anderen Ende lauscht gebannt und stellt immer mal wieder interessierte Fragen. Zum Schluss bittet der Redakteur mich noch, ihm ein paar schöne Fotos zuzusenden.

»Ich kann dir nicht versprechen, dass der Artikel noch vor deiner Eröffnung erscheint, liebe Sandra, aber ich gebe mein Bestes, dass es so ist«, versichert er mir. Das ist wirklich nett. Ich weiß, dass das pünktliche Erscheinen von Berichten, egal ob in Zeitung oder Fernsehen, nicht immer so einfach ist, und ich bin gespannt, ob es klappen wird.

Auch mein Papa kommt bald dazu, um uns bei den restlichen Bauarbeiten zu unterstützen. Während Julian und ich an der kleinen Futterküche werkeln und Fabian die Elektrik für unsere Vogelwaage legt, kümmern sich Paps und Ben um die große Falknerhütte.

»Verdammt!«, ertönt die Stimme meines Vaters von hinten, gefolgt von einem Zischen.

»Paps? Was ist los? Kann ich dich denn keine zehn Minuten allein lassen?«, necke ich ihn, denn ich ahne, was passiert ist.

»Dein Papa hat den falschen Nagel getroffen – seinen eigenen«, klärt Ben mich auf, während Papa seinen verwundeten Daumen noch schützend unter der rechten Hand verborgen hält. Ich schaue mir das Ganze an, er hat ganz schön zugehauen. Doch Papa wäre nicht mein Papa, wenn er sich davon unterkriegen ließe. Nach ein paar Minuten Kühlen schwingt er sich schon wieder rauf aufs Dach und schlägt die nächsten Nägel in den Balken.

*

»So, wie soll unser Eröffnungsflugprogramm aussehen?«, frage ich in die Runde. Alle Hütten stehen, die Volieren sind gestrichen. Wir sitzen zusammen an unserem Tisch in der neuen Falknerhütte, und nun muss das Flugprogramm geplant werden. Es sind noch drei Tage bis zum großen Ereignis.

»Wie wäre es, wenn wir direkt fulminant starten?«, fragt mich Ben.

»Wie genau stellst du dir das denn vor? Sollen wir einen Adler vom Turm werfen?« Ich lache über meinen Vorschlag, aber statt ebenfalls zu lachen, sieht mich Ben mit großen Augen an.

»Das ist es, damit rechnet garantiert niemand. Die gesamte Aufmerksamkeit wäre uns sicher.«

Nun denke ich über meinen Scherz etwas genauer nach. Warum eigentlich nicht? Das muss natürlich ein paarmal geprobt werden.

»Also gut. Dann ist das ja geklärt.« Wieder muss ich kichern, denn wieder war es eine flapsige Idee von mir, die wir nun in die Realität umsetzen. »Dann fangen wir direkt mit dem Training an«, folgere ich. »Ich nehme mal an, wir denken dabei beide an Milo?« Ben lächelt nur frech.

»Ich trage Milo auf den Turm«, bringt sich nun auch Fabian ein, noch bevor Ben wirklich antwortet. Ein beachtliches Unterfangen, der Aufstieg auf den Turm ist schon ohne Adler auf dem Arm anstrengend, aber die Jungs geben ja auch schon die ganzen Tage ihr Bestes.

»Ich denke dabei an Mia!«, eröffnet Ben uns nun, und Fabian wird etwas blass um die Nase. Statt dreieinhalb Kilo soll er nun viereinhalb Kilo auf den Turm schleppen. Mia ist unser europäischer Seeadler und ein wahrlich großes und beachtliches Tier. Sie ist kurz vor dem Umzug nach Thüringen Teil unserer Familie geworden. Bens Idee, Mia statt Milo auf den Turm zu bringen, finde ich interessant. Mal sehen, ob das klappen wird.

»Sonst noch schöne Ideen für Kunststücke?«, frage ich lachend. Kunststücke im eigentlichen Sinne kann man einem Greifvogel selbstverständlich nicht beibringen, allerdings können wir die natürlichen Fähigkeiten einer jeden Art mithilfe von Beuteattrappen oder anderen Tricks fördern und hervorheben. So konnten wir meinem kleinen Dexter als sogenanntem Kombinationsjäger, also einem Greifvogel, der durch seine hohe Wendigkeit Beute sowohl am Boden als auch in der Luft schlagen kann, beibringen, dass er kleine Futterbrocken geschickt in der Luft greifen kann, um so die Geschicklichkeit dieser Tiere hervorzuheben. Dexter macht sich bei dieser Übung wirklich klasse, so können wir eine schöne Abwechslung in unserem Flugprogramm erzeugen und gleichzeitig die Fähigkeiten des Greifvogels vertiefen und trainieren.

»Dann wollen wir den Worten mal Taten folgen lassen!«, rufe ich aus, und wir verlassen die Hütte, um uns dem Freiflug der Vögel zu widmen.

Fabian bringt Mia wie geplant auf den Turm, und Ben steht auf der Flugwiese, um sie in Empfang zu nehmen. Schon beim ersten Mal klappt es wie am Schnürchen, unsere Adlerdame startet vom Turm, dreht eine weitläufige Runde über das Burggelände, nur um auf Zuruf Bens Faust anzusteuern und dort federleicht Platz zu nehmen.

Freudig applaudiere ich. »Super! Mia verhält sich, als würde sie das schon ihr ganzes Leben lang machen«, lobe ich den Adler.

»Na, im Prinzip ist das doch auch so. Mit euren Ideen muss die Arme sich doch schon ihr ganzes Leben herumschlagen«, neckt uns Julian, und ich verpasse ihm einen Knuff in den Oberarm.

»Danke, du Fiesling.«

Nach Mias Landung schicken wir nun Milo als Nächstes über die flache Mauer hinaus ins Tal. Mein Plan lautet jetzt, den jungen Andenadler Kayla hinter Milo her zu schicken. Bereits in ihrem alten Zuhause hat die Dame sich an dem älteren Adler orientiert und sein Verhalten kopiert. Meine Hoffnung ist also nun, dass sie auch das Ansteigen auf größere Höhen hier spielerisch von Milo erlernt.

»Los, mein Schatz. Zeig, was du kannst. Nur keine Angst«, flüstere ich ihr auf dem Weg zur Mauer zu. Ich bin wahnsinnig aufgeregt. So hoch über dem Boden war Kayla noch nie, bisher hat sie nur Flachland kennengelernt. Hinter der Burgmauer erwartet sie sofort das tiefe Tal.

Nach Kaylas Start sieht sie Milo vor sich segeln und fliegt ihm einige Meter hinterher, hinaus ins Tal. Dann allerdings verlässt sie wohl doch der Mut. Im Anblick der großen Höhe dreht sie schnell um und legt eine mittelschwere Bruchlandung in einer Eiche hin, die zufällig in ihrer Flugbahn steht.

Ich muss kichern. Durch die fehlende Erfahrung habe ich meine Maus auch früher schon des Öfteren im hohen Feld oder in irgendwelchen Baumreihen einsammeln müssen, wenn sie ihre Fähigkeiten im Wind überschätzt hatte. Niemals ist es in Kaylas Sinn, sich von mir zu entfernen. Allerdings ist der Wind im Umgang mit einem kleinen Zwei-Kilo-Adler gnadenlos, und wenn eine starke Böe den Adler drückt und dieser noch keine ausgefeilte Technik hat, um sich dagegen zur Wehr zu setzen, so wird er gegen seinen Willen hinfortgetragen. Völlig machtlos stand Kayla mehr als einmal über mir im Wind, piepte herzzerreißend und wusste doch nicht, wie sie zu mir hinunterkommen sollte. Doch bekanntlich macht Übung eben den Meister, auch bei Greifvögeln.

Zu meiner großen Freude erscheint zwei Tage vor der Eröffnung der Beitrag auf *bento*.

»Ben sieh nur, *bento* hat den Bericht gebracht! Bessere Werbung für uns kann man sich doch überhaupt nicht wünschen. Ist das nicht toll?« Aufgeregt zeige ich ihm morgens den Bericht.

»Ja, perfekt! Sehr gut gemacht«, lobt er mich.

An diesem Tag bekomme ich die Reichweite des Artikels erst noch richtig zu spüren.

Vormittags klingelt unser Diensttelefon.

»Hallo, wir sind von Sat.1 und möchten gerne über Ihre Falknerei berichten.« Ich bekomme große Augen und versuche Ben mit den Lippen stumm »Sat1« zu zeigen. Nach ein wenig Small Talk stellt die zuständige Redakteurin allerdings fest, dass sich Burg Greifenstein nicht in Nordrhein-Westfalen befindet, wie sie zunächst angenommen hat. Deswegen wird aus diesem Termin nichts. Wie schade!

Doch der Unmut über dieses Missverständnis hält nicht lange an, denn wenig später klingelt das Telefon erneut. Diesmal ist es das ZDF, und diesmal weiß die Redakteurin, dass es für uns vom Rheinland nach Thüringen gegangen ist. Diesmal wissen beide Seiten also genau, worauf sie sich einlassen, mit dem ZDF können wir uns für einen Termin im Sommer verabreden. »Oh, das ist ja wirklich großartig! Das wird dann deutschlandweit gesendet?« Ich lege einen halben Tanz aufs Parkett, so groß ist die Freude über die geplante Berichterstattung. Doch bis zum Drehtermin sind es noch über zwei Monate, ich habe also genug Zeit, mich zu beruhigen und darauf einzustellen.

»Komm, Dex, wir drehen eine kleine Runde um die Burg.« Ich schnappe mir meinen kleinen Freund und möchte mit ihm gerade in der Freien Folge die Anlage verlassen, um ein bisschen zu verschnaufen, als ich nun mein eigenes, privates Telefon klingeln höre. Auf dem Display sehe ich, dass es sich um einen der Redakteure aus dem Rheinland handelt, für die ich vor über einem Jahr kleinere Beiträge zum Thema Falknerei für ein Online-Magazin verfasst habe.

»Hallo, Jonas, wie komm ich denn zu der Ehre deines Anrufs?«, begrüße ich ihn.

»Hallo, Sandra, schön, deine Stimme zu hören! Wie du vielleicht weißt, bin ich nicht mehr beim Online-Magazin, sondern jetzt beim MDR.«

»Oh, nein, das wusste ich noch nicht. Wie schön, das freut mich für dich! Herzlichen Glückwunsch. Ich hoffe, du bist zufrieden dort?« Schon als wir damals zusammenarbeiteten, war es sein großer Traum, zu einem öffentlich-rechtlichen Sender zu wechseln. Ich freue mich riesig, dass auch sein Traum in Erfüllung gegangen ist.

»Ja, sehr. Es ist ein lustiger Zufall, aber ich bin nun für Thüringen zuständig, und als ich hörte, dass dort zwei neue Falkner sind, wollte ich direkt darüber berichten. Na, und dann habe ich gesehen, dass ich die Falknerin ja sogar kenne!«

»Wirklich? Wie lustig! Da verschlägt es uns beide von Nordrhein-Westfalen nach Thüringen, und dann laufen unsere beruflichen Bahnen hier wieder zusammen? Ist das noch Zufall?« Ich muss lachen.

Jonas und sein Team kommen einen Tag vor unserer Eröffnung. Sie sind sehr verständnisvoll, dass wir am Eröffnungstag selbst lieber kein Fernsehteam dabeihaben möchten, um unsere Nerven ein bisschen zu schonen. Dafür soll der Bericht am nächsten Tag, also am Eröffnungstag, im Fernsehen laufen.

»Schreib mir dann abends einfach eine Nachricht, und berichte, wie es gelaufen ist und wie viele Besucher da waren. Ich baue das dann in den Beitragskommentar ein«, erklärt mir Jonas.

Am Tag vor der Eröffnung ist alles vorbereitet, es herrscht die Ruhe vor dem Sturm, und wir haben alle Zeit der Welt, um verschiedene Szenen zu drehen. Mias Flug vom Turm können wir noch einmal proben, und gleichzeitig wird er für den Beitrag aufgenommen.

»Mia!« Ich rufe die hübsche Adlerdame, denn heute haben wir vertauschte Rollen. Für den Beitrag trägt natürlich keiner unserer fleißigen Helfer, sondern Ben höchstpersönlich den Adler auf den Turm. Und ich habe nun die ehrenvolle Aufgabe, den Adler auf der Flugwiese in Empfang zu nehmen.

Wie in den letzten Tagen schon gleitet Mia auch heute mit einer für sie ganz eigenen Eleganz über Burg Greifenstein. Wir haben Glück mit dem Wetter, die Sonne scheint, und bis auf ein paar Wolken ist der Himmel klar und blau. Auch am nächsten Tag soll es ähnlich werden, hoffentlich stimmt die Vorhersage.

Nach Mias großer Runde am Himmel Thüringens ertönt mein Ruf, und sie wendet sofort, um nach einem rasanten Sturzflug sanft auf meinem Handschuh zu landen. Ich kenne leichtere Adler, die mit wesentlich mehr Wucht in den Handschuh knallen. Mia mit ihren viereinhalb Kilo schafft es aber, ihr eigenes Gewicht im Moment der Landung leicht wie eine Feder wirken zu lassen.

»Du elegante Dame«, raune ich ihr liebevoll zu. Der Kameramann, der mich hier unten begleitet hat, ruft begeistert:

»Okay! Das ist im Kasten. Perfekt! Vielen Dank.«

»Na, dann hoffe ich mal, dass das Team auf dem Turm ebenso erfolgreich war«, lache ich.

Einige Minuten später sind alle wieder vom Turm heruntergeklettert.

»Oben hat alles geklappt. Die Aufnahmen sind im Kasten«, berichtet uns Jonas. Zufrieden lächeln Ben und ich uns an.

»Dann würde ich jetzt noch ein paar kleine Interviewsätze mit euch führen, wenn das in Ordnung ist, und dann hätten wir auch schon alles, was wir benötigen.«

Als es Abend wird und das Fernsehteam wieder von dannen gezogen ist, sitzen wir zu fünft zusammen und grillen gemeinsam. Langsam spüre ich die Anspannung in mir wachsen, und sogar Ben merke ich eine gewisse Nervosität an.

»Ihr zwei seid ja absolute Nervenbündel.« Auch Fabian ist unsere Situation nicht entgangen. Julian lacht. »Na hört mal. Wir haben alles durchgeplant, jeder Vogel kennt seine Flugbahn, und auch wir wissen, was wir morgen zu tun haben. Ihr habt so viel geschafft, so viel erreicht, nun seid doch nicht wegen einer kleinen Flugvorführung nervös«, versucht er uns aufzumuntern.

Trotz der lieben Worte schlafe ich in dieser Nacht nicht besonders gut, liege viel wach und frage mich, ob der morgige Tag wohl sinnbildlich für die endgültige Erfüllung meines Traumes stehen wird. Und dann kommt zu der Aufregung auch dieses wunderbare Kribbeln, das ich immer gespürt habe, als ich die ersten Gedanken an die Selbstständigkeit gehegt habe. Ich bin nervös, ja, aber ich bin auch voller Vorfreude.

Der große Tag

»Ich bekomm kaum etwas runter«, nörgele ich, während ich den Jungs beim Frühstücken zusehe. Julian und Fabian stürzen sich dankbar auf das Kaiserfrühstück, welches wir in unserer neu erbauten Falknerhütte angerichtet haben.

Ein Blick zu Ben zeigt mir aber, dass ich nicht die Einzige bin, die nervös ist. Auch vor ihm liegen noch beide Hälften eines Nutella-Brötchens, eine davon nur einmal angebissen.

»Ich auch nicht«, erklärt er.

»Ihr müsst wirklich aufhören, so nervös zu sein. Das Thema hatten wir doch gestern schon!«, tadelt uns Fabian, der sich das hier wohl nicht länger ansehen möchte.

»Heute Abend werdet ihr darüber lachen«, versucht nun auch Julian sein Glück. Doch es hilft alles nichts, unsere Nervosität kann uns diesmal niemand nehmen.

Natürlich zeigen die Vögel sich unbeeindruckt von der bevorstehenden Eröffnung, ganz anders als ihre zweibeinigen Vertrauten, denn sie haben ja keine Ahnung, was heute passieren soll. Dass etwas mit uns nicht stimmt, merken sie aber sehr wohl. Greifvögel erkennen innerhalb von Millisekunden die Schwachstelle eines jeden Lebewesens, sei es nun das Beutetier bei der Jagd oder eben seine Partner wie Mensch und Hund.

Draußen in der Natur ist es überlebenswichtig, denn nur wenn man das schwächste Glied einer Gruppe erkennt, kann man dauerhaft seinen Jagderfolg sichern. Die Tiere sind mir in einem solchen Augenblick oftmals überlegen, Unachtsamkeit oder abschweifende Gedanken könnten problemlos ausgenutzt werden. Doch auch in diesem Punkt zeigt sich das große Vertrauen zwischen Falknerin und Vogel: Die Tiere haben Respekt und Achtung vor mir, sie erkennen zwar meine Schwäche, nutzen sie aber nicht zu ihrem eigenen Vorteil oder gar dazu, mich zu verletzen.

Tatsächlich ist das Vertrauen zwischen mir und den Vögeln noch viel größer, als ich bisher angenommen habe. Es ist nicht nur die Gewissheit, dass der Greifvogel immer zu mir zurückkehrt, weil er mich als Partnerin sieht und darauf vertraut, dass ich für ihn immer nur das Beste gebe, sondern eben auch das beidseitige Vertrauen, dem anderen niemals Schaden zuzufügen, auch nicht in schwachen Momenten. Diese Gewissheit, dieses Urvertrauen kenne ich erst aus der Falknerei in Hellenthal und von meinen eigenen Tieren. Zu Beginn meiner Arbeit mit Greifvögeln gab es dieses blinde Vertrauen zu den Tieren noch nicht.

Nach dem Wiegen der Vögel sitzen sie glücklich und zufrieden auf ihren Plätzen. Für sie ist es eben ein Tag wie jeder andere auch. Auch für uns geht es weiter mit der Routine, die Volieren müssen sauber gemacht werden, damit alles blitzt und blinkt, wenn die ersten Besucher unsere Anlage betreten. Außerdem stehen noch einige Kleinigkeiten wie Schilder aufhängen und Bänke positionieren auf dem Plan. Gefühlte einhundert Mal versetzen wir auf unserer Flugwiese die Besucherbänke, von links nach rechts, dann wieder nach links, und am Ende stehen sie links und rechts. Als nun tatsächlich alle Vorhaben abgehakt und aufs Penibelste überprüft sind, heißt es nur noch, auf die ersten Besucher zu warten.

»Oh, gleich zehn! Dann haben wir offiziell eröffnet«, erkläre ich allen Anwesenden. »Sollen wir einen Countdown machen?« Ich muss lachen, wahrscheinlich zum ersten Mal an diesem Tag.

Innerhalb der nächsten Minuten baut sich noch einmal ein gigantisch hoher Druck in mir auf, es ist fast, als würde ich ein großes Ereignis wie eine Mondfinsternis erwarten.

»Zehn Uhr!«, ruft Fabian freudig aus – und nichts passiert. Was auch immer mein fragiles Nervenkostüm erwartet hat, es tritt nicht ein. Keine Besuchermassen strömen in die Anlage, mein Herz hat noch nicht aufgehört zu schlagen, und auch die Burg wirkt noch so stabil wie eh und je.

Ben und ich umarmen uns. »Alles Gute zur Eröffnung, liebe Sandra«, flüstert er mir ins Ohr.

»Ebenso«, kichere ich an seiner Schulter. »Nun müssen wir nur noch das Flugprogramm um vierzehn Uhr über die Bühne bringen«, richte ich mich nun an alle gewandt.

Zu meiner großen Freude erblicke ich schon ein paar Minuten später die ersten Besucher, die sich unsere Anlage anschauen wollen.

Fasziniert sehe ich unseren Gästen zu, während diese wiederum nur Augen für unsere Vögel haben.

»Die haben keine Ahnung, dass sie ebenso beobachtet werden wie die Vögel, die sie gerade ansehen!«, macht Julian einen scherzhaften Kommentar. Offenbar ist unser Verhalten ziemlich auffällig.

Ich löse meinen Blick von den ersten Besuchern und schaue meinen Papa an. Gemütlich und entspannt sitzt er mit einer

Tasse Tee in der Hand in der milden Vormittagssonne und schaut sich um.

»Weißt du, Liebes, wie stolz ich auf dich bin? Was du hier geleistet und aufgebaut hast, ist einfach nur toll.«

Ich muss lächeln und freue mich riesig darüber, dass er so stolz ist. »Danke, Paps, schön, dass es dir so gut gefällt.«

»Entschuldigung?« Eine der Besucherinnen ist zu uns herangetreten. »Ja, bitte?«, antworte ich und lächele sie freundlich an. »Hat der Vogel dort vorne nur ein Bein?«, möchte sie von mir wissen. Die Dame zeigt hinüber zu Elise, die gerade in Entspannungshaltung auf einem Bein steht. Der zweite Fuß ist komplett unter ihrem flauschigen Gefieder versteckt; ich kann mir gut vorstellen, warum die Besucherin um den Verbleib des zweiten Beins besorgt ist, und kläre sie auf. Ich kenne die meisten Fragen von Besuchern nun schon seit vielen Jahren, meist sind es die gleichen Fragen, die den Menschen auf der Seele brennen, sodass ich für eine Antwort nicht lange überlegen muss. Trotzdem fühlt es sich nun anders an, ich spreche nicht mehr im Namen eines anderen, zum Beispiel im Namen von Karli aus Hellenthal, sondern in meinem eigenen Namen, beantworte alles als Falknerin Sandra Jung.

Unsere Anlage ist so aufgebaut, dass die Besucher auf einem kleinen Rundgang alle Vögel nacheinander betrachten können. Ab und zu laden Bänke zusätzlich zum Verweilen ein. Informative Schilder geben bei jedem Vogel einen kleinen Einblick in den Lebensraum und das Verhalten des Tieres. Nähere Informationen und spannende Erklärungen gibt es dann im Flugprogramm oder eben direkt bei Ben und mir.

Im zweiten Teil der Anlage haben wir die Flugwiese mit den Besucherbänken angelegt, sie beginnt auf der Rückseite der Volieren. Das Flugareal grenzt direkt an die Mauer, welche den Blick ins Tal freigibt, sodass unsere Adler hier in Zukunft problemlos ihre Flugbahnen über Bad Blankenburg ziehen können. Im Sommer spenden zudem zwei große, alte Bäume etwas Schatten, stören dabei aber nicht die Flugmanöver unserer gefiederten Stars.

»Jetzt ist es zwölf, und siehe da, es werden immer mehr Zuschauer«, resümiert Fabian nach einem Blick auf die Uhr.

Zum Glück hat mein Körper langsam Erbarmen mit mir, und das Nervenflattern wird weniger. Fast fühlt es sich an, als würde der Tag auch so ruhig und entspannt zu Ende gehen, wie er jetzt gerade vor sich hin plätschert. Doch natürlich ist das weit gefehlt. Bis kurz vor Beginn unserer Flugshow um vierzehn Uhr steigert sich die Anzahl der Besucher auf über zweihundert Personen. Dank Fabian wissen wir immer, wie viele Menschen sich gerade in unserer Anlage befinden, denn er zählt fröhlich mit. Kurze Status-Updates helfen zwar, den Überblick nicht zu verlieren, allerdings geht mein Blutdruck wieder in Richtung hundertachtzig.

»Zweihundertsechs.«

»Zweihundertneun.«

»Zweihundertdreizehn.« Fabian ist unermüdlich wie ein Roboter.

»Fabs! Bitte! Zähl leise!« Ich blicke ihn gequält an. »Du machst mich noch nervöser.«

»Ist ja gut.« Er lacht mich an. »Du musst doch gar nicht nervös sein.«

Julian kontrolliert derweil die Karten für das Flugprogramm, ich schlendere möglichst locker und unbedarft zu ihm.

»Und? Wie sieht's aus?«

»An sich gut. Nur an Bänken scheint es etwas zu mangeln.«
Ich wage den Blick auf die Flugwiese, den ich bisher vermieden habe. Und tatsächlich: Unsere gesamten Bänke sind alle schon vollständig besetzt, alle weiteren Besucher müssen sich mit Stehplätzen begnügen. Mit einem solchen Ansturm haben wir einfach nicht gerechnet.

»Oh Gott. Das kann doch niemand ahnen.« Verzweifelt blicke ich von Julian wieder auf die vielen stehenden Zuschauer.

»Mach dir nichts draus. Freu dich lieber, ist doch toll, dass es so voll ist. Es macht den Gästen sicher nichts aus zu stehen.«

Plötzlich kommt Ben auf mich zugestürmt, es ist inzwischen zehn vor zwei.

»Sandra. Wir können nicht pünktlich anfangen. An der Kasse ist noch eine mordsmäßige Schlange. Wir kommen mit dem Kassieren überhaupt nicht hinterher. Oh Gott. Was sollen wir nur machen?«

Ben ist plötzlich sehr unsicher und hektisch. »Hey, Ben, beruhig dich. Das ist doch kein Problem.« Sofort erwacht mein Instinkt, in stressigen Situationen das Ruder zu übernehmen. Meine eigene Unsicherheit und Nervosität sind wie weggeblasen. »Niemand erwartet an unserem Eröffnungstag, dass alles perfekt läuft. Du machst jetzt eine Durchsage über die Boxen und erklärst den Zuschauern, dass sich der Beginn um wenige Minuten verzögert und du um ihr Verständnis und ein wenig Geduld bittest. Okay?« Ben nickt und folgt meiner Anweisung.

Mit einer Verzögerung von über fünfzehn Minuten geht es schließlich los. Nach einer kurzen Begrüßung von Ben ist gleich unser zuvor eingehend geprobter Anfangsstunt geplant. Die europäische Seeadlerdame Mia soll die Besucher direkt zu Beginn in ihren Bann ziehen. Als unser deutscher Wappenvogel kann ich mir keinen besseren Vogel für die Eröffnung vorstellen. Natürlich hätte es jeder unserer gefiederten Stars verdient, die Show zu eröffnen, doch als unser Wappentier und Vertreterin einer der größten Adlerarten der Welt fiel die Wahl unvermeidlich auf Mia. Sie ist die Diva unter unseren Vögeln; wenn sie jemanden nicht kennt oder nicht mag, dann landet sie auch nicht bei ihm oder ihr auf dem Arm. Da ist sie rigoros. Mit ihren viereinhalb Kilo und einer Flügelspannweite von fast zweieinhalb Metern hat man das Gefühl, der Himmel verdunkele sich unter ihren Schwingen, wenn sie über einem fliegt. Dabei gleitet sie mit einer Leichtigkeit und Eleganz, auf die jedes Topmodel neidisch wäre.

Nach ein paar Worten der Dankbarkeit an das Publikum und unsere zahlreichen Unterstützer ist es so weit. Ich sehe Fabian oben auf dem Turm warten und nicke Ben unauffällig zu.

»Meine sehr verehrten Damen und Herren, nehmen Sie Haltung an! Als Erstes für Sie im Luftraum unterwegs: unser Viereinhalb-Kilo-Adler namens Mia!« Bens Stimme wird lauter und aufgeregter, was sich sofort auf das Publikum überträgt. Die Blicke der Zuschauer suchen den Himmel ab. Sekunden später erreicht uns Mia. Sie dreht hoch über uns eine Runde und landet dann perfekt und wie geplant nach einem beeindruckenden Sturzflug auf Bens Handschuh. Die Zuschauer applaudieren und pfeifen begeistert, unser Überraschungsauftakt ist ein voller Erfolg, denn ein solches Flugmanöver hat es über Burg Greifenstein in den letzten Jahrzehnten nicht gegeben.

An Mia schließe ich mit meinem Wüstenbussardtrupp an. Neben Dexter wird meine kleine Kompanie noch durch drei weitere Tiere ergänzt. Die Jungvögel Watson, Sherlock und Moriaty sind seit Neuestem in meinem Team. Bei unseren Übungsflügen der vergangenen Woche sind die vier überall verteilt gelandet. Egal ob auf den Volieren, auf den verschieden hohen Mauerabschnitten oder im Baum. Überall saß immer mindestens ein Harris's Hawk und wartete darauf, wieder zu meiner Faust zurückzukehren. Doch heute ist eben alles anders: Vor den Volieren und vor der tiefen Mauer stehen und sitzen überall Menschen, hier können meine Vögel heute gar nicht landen. Wie Vollprofis arrangieren sie sich aber sehr schnell mit dieser Situation. Nach anfänglicher Skepsis aufgrund der Besuchermassen suchen auch die drei jungen Bussarde nun gezielt die hohe Mauer und den Baum auf.

Dexter ist als alter Hase der Gruppe der Mutigste und wagt auch mal höhere und weitere Flüge innerhalb des Gemäuers, er ist seit seiner Zeit in Hellenthal an solche Besuchermengen gewöhnt. Durch sein Talent, Beute in der Luft zu fangen, kann Dexter perfekt die Jagdstrategie von Habichten und ihren engen Verwandten ausmachen.

Bei jedem Flug gleiten die vier nah über die Köpfe der Besucher, welche sich immer schnell wegducken. Doch das hilft nichts, Dexter und sein Team fliegen dann nur noch tiefer.

»Serienmäßig ausgestattet sind unsere Greifvögel mit sogenannten Geschühriemen, schmalen und leichten Lederbändern, die dem Greifvogel um die stärksten Körperteile, also die Beine, gelegt werden und den Vogel dabei weder behindern noch stören.« Bens Stimme untermalt jeden einzelnen Flug der Vögel, und schon lange sind wir beide völlig in unsere Routine verfallen. Von Aufgeregtheit ist weder bei mir noch bei ihm ein Funke zu spüren.

»Die heutige Falknerei ist in ihrem Kern, ihrem Ursprung

noch genau die gleiche Kunst wie vor viertausend Jahren. Lediglich kleinere Errungenschaften wie Telemetrie und GPS haben inzwischen ihren Einzug in die moderne Falknerei gefunden.«

Meine kleine, von mir liebevoll genannte *Chaos-Gang* fliegt zum Ende ihres Auftritts wieder in die Voliere. Erneut werden wir mit tosendem Applaus belohnt. Ich grinse zufrieden vor mich hin. Das läuft doch perfekt!

Es folgt Madame Elise. Sie zeigt sich etwas mehr beeindruckt als ihre Vorgänger, doch trotzdem liefert sie ab und zeigt, wie gut ein Bussard mit seinen breiten Schwingen segeln kann.

Einen Moment später schaut Elise sich plötzlich um und fixiert das Publikum mit einem kritischen Blick. Ich werde nervös, mein Herz fängt an zu rasen. Lässt Elise heute die Prinzessin auf der Erbse heraushängen und mich gleichzeitig im Stich? Wenn es so wäre, beeinflussen könnte ich es nicht. Der Vogel zeigt, was er will, nicht das, was ich gerne hätte.

Doch mein Bangen ist unbegründet, nach Elischens Auskundschaften des Publikums macht sie routiniert weiter mit ihren Flügen, offenbar hat sie unsere Zuschauer unter »ungefährlich« abgehakt.

»Kayla, bitte, jetzt lass mich nicht im Stich«, flüstere ich klammheimlich vor mich hin, denn der erste Fauxpas scheint passiert zu sein: Kayla sitzt nach einigen perfekten Flügen im Baum und sieht sich das ganze Spektakel aus sicherer Entfernung an. Skeptisch beäugt sie die Menge, von Außenauftritten weiß ich schon, dass Kayla zu den sensibleren meiner Vögel gehört. Harte Schale, weicher Kern.

Alle Augen der Zuschauer sind auf den jungen Adler hoch

oben im Baum gerichtet. Ich schwitze Blut und Wasser, was nun? Wie soll ich dieses Malheur überspielen?

Ben nutzt den Moment, um den freien Willen der Tiere zu erläutern. Es ist genau der passende Augenblick dafür.

»Was der Vogel nach dem Start zeigt, entscheidet er ganz allein. Ich kann es nicht beeinflussen. Ob er nun kilometerweit und stundenlang fliegt oder nach einer kurzen Runde schon wiederkehrt – der Falkner hat hierauf keinen Einfluss mehr.«

Mensch, Kayla, musst du das denn so genau beweisen?, frage ich mich. Alles Bitten und Flehen wird von Kayla nicht erhört, sie hat ihren persönlichen Feierabend ausgerufen und macht es sich im Baum bequem. Die Federn plüschig aufgestellt und ein Beinchen eingezogen, sendet sie eindeutige Signale: *Mit mir brauchst du innerhalb der nächsten Minuten nicht zu rechnen.*

»Offenbar beschließt Kayla gerade, ihren Falknern die mittlere Kralle zu zeigen. Nun, meine Damen und Herren, dann ist das wohl so.« Dann leitet Ben zum nächsten Vogel über. Ich bin nicht böse mit Kayla, denn die sensible Dame hat sicher ihr Bestes gegeben. Eigentlich finde ich es sogar ein wenig lustig. Solche Situationen kennt jeder Falkner, man lernt mit den Jahren, sie nicht so schwer zu nehmen. Mit Glück arbeitet der Vogel mit mir im Flugprogramm zusammen, habe ich Pech, so hält er es sich offen, Länge, Dauer und Intensität seines Freifluges selbst zu bestimmen. Ist einer meiner Vögel erst einmal gestartet, habe ich keinen Einfluss mehr auf das, was er tut. Genau das ist es aber auch, was ich an meinen Greifvögeln so sehr liebe: Sie sind so frei, wie man nur sein kann. Sie treffen jeden Tag aufs Neue ihre Entscheidung, was sie tun und was sie sein lassen. Jeder Vogel zeigt dabei einen ganz eigenen Charakter und ein ganz eigenes Verhalten: Mancher ist höchst zuverlässig, immer zur Stelle und sehr flugfreudig, mancher eher schüchtern, und auch faule Tierchen gibt es mal, genau wie bei uns Menschen.

Das Schlusslicht und den Höhepunkt unserer Vorführung bildet schließlich Milo. Auch Milo haben wir für seinen Start auf den Burgturm gebracht, diesmal hat Julian ihn hochgeschleppt. Unser großer Star und zu einhundert Prozent verlässlicher Adler zieht hoch über der Burg seine beeindruckenden Kreise. Das Publikum sitzt mit offenen Mündern da, ich freue mich über die sichtbar positiven Reaktionen. Die Kinder zeigen aufgeregt mit den Fingern auf den Adler hoch oben am Himmel.

Schließlich ruft Ben den Adler zu sich. Schnell wie ein Pfeil stürzt er aus dem Himmel zu seinem Falkner.

Der Applaus für den Flugkünstler ist laut und andauernd. Auch Milo zeigt sich nun noch für einige Flüge ganz aus der Nähe. Durch die Menge geht ein Raunen und Stöhnen, wenn der Adler nur Millimeter entfernt über die Köpfe schwebt oder dabei sogar Wangen mit seinen breiten Schwingen streift. Ich bin schon wieder völlig ergriffen und riesig stolz auf die Leistung unserer geliebten Tiere. Die Kinder kichern unablässig, und auch auf den Gesichtern der anwesenden Erwachsenen kann man Freude und pures Vergnügen ablesen. Milo heizt unserem Publikum noch einmal so richtig ein, niemand kommt umhin, sich unter den Adlerschwingen zu ducken.

»An dieser Stelle darf ich mich im Namen der Falknerei Burg Greifenstein bei Ihnen fürs Zuhören und Zuschauen bedanken. Ich hoffe sehr, es hat Ihnen gefallen und Sie konnten einen kleinen Einblick in die Welt der Greifvögel erlangen.«

Ben besiegelt mit seinem Schlusssatz das Ende der Vorführung, und ich lasse Milo bei mir auf dem Handschuh landen, wo er eine riesige Belohnung bekommt. Die haben er und die übrigen Vögel sich redlich verdient! Ich bin wahnsinnig gerührt von dem langen Applaus, den Rufen und der Begeisterung, die unser Publikum uns spüren lässt. Was für ein wundervolles Gefühl. Wir und die Tiere haben unser Allerbestes gegeben, und das scheint bei den Zuschauern angekommen zu sein.

Und Kayla? Nun, Madame sitzt immer noch im Baum, ich winke ihr lachend zu, doch sie verzieht keine Miene. »Dann eben später, meine kleine Zicke!«, sage ich vor mich hin, und einige Besucher in meiner näheren Umgebung müssen ebenfalls lachen.

»So sind Kinder eben«, sage ich noch in deren Richtung, und wieder müssen die Herrschaften lachen.

»Ah, jetzt ist es etwas leerer. Ich gehe mal Kayla bitten, sich aus ihrem neuen Lieblingsbaum zu bequemen«, teile ich Ben mit, während die meisten Besucher unsere Anlage so langsam verlassen.

»Kayla. Komm bitte, es gibt auch Ratte für dich!«, rufe ich dem Adler entgegen. Kayla entdeckt die Leckerei und segelt nach mehrmaligem Strecken und Fiepsen ganz gemütlich aus dem Baum zu meinem Handschuh. »Piep«, erklärt sie mir direkt nach der Landung. »Ja, ja, Kayla. Ist gut. Eine Entschuldigung wäre eher angebracht. Komm, nun friss deine Mahlzeit«, plappere ich fröhlich mit dem Vogel. Die Dame wirkt nun wieder entspannt und selbstbewusst, keine Spur mehr von der schüchternen Kayla, die sich eben im Flugprogramm gezeigt hat.

Ich vermute, dass sie sich von dort oben genauestens angesehen hat, was die anderen Adler so getrieben haben. So konnte sie feststellen, dass das Fliegen vor dieser großen Anzahl von Menschen offenbar nicht die von ihr befürchtete Gefahr barg. Und nicht nur von Kayla ist alle Aufregung abgefallen: Auch ich fühle mich plötzlich frisch und frei, fast wie neugeboren. Der schwere Stein, den ich seit Wochen, wenn nicht eher seit Monaten, mit mir herumgetragen habe, ist weg. Ein großes Gefühl der Freiheit befällt mich, aller Stress und alle Ängste fallen ab, das muss Glück sein, so muss es sich einfach anfühlen, wenn man in absoluter Glückseligkeit schwimmt.

»Sandra! Ben! Herzlichen Glückwunsch! Das war einfach phä-no-me-nal!« Berthold stürmt auf uns zu und schüttelt uns beiden aufgeregt die Hand. »Ich war schon unten bei der Kasse! Es waren ganz genau dreihundertundzwölf Personen in eurer Vorführung! Respekt. Das habt ihr einfach nur klasse gemeistert!« Man merkt ihm seine Aufregung an, ich freue mich riesig, dass er so begeistert von unserem Erfolg ist. »Danke, Berthold. Mit dieser Zahl hätten wir ja überhaupt nicht gerechnet. Das ist der Wahnsinn!«

Glücklich und zufrieden umarmen Ben und ich uns, Fabian und Julian klopfen uns aufmunternd auf die Schulter.

»Das habt ihr doch mit Bravour gemeistert«, erklärt Fabian freudig. »Ich bin so froh, dass wir das geschafft haben«, antworte ich seufzend.

Nun kommt auch meine Mutter auf mich zu. Ich bin wahnsinnig überrascht, sie zu sehen, denn eigentlich hatte sie mir mitgeteilt, dass sie es zeitlich leider nicht zu meiner Eröffnung schaffen würde.

»Sandra, mein Schatz«, Mama umarmt mich fest und

lange, »das war einfach nur klasse. Ich bin die stolzeste Mutter der Welt.«

»Mama!« Ich freue mich riesig, meine Mutter hier zu sehen. »Was machst du denn hier?«

»Ich lasse mir doch die Eröffnung der Falknerei meiner Tochter nicht entgehen! Überraschung!«

Diese Überraschung ist ihr geglückt. Ich bin überglücklich, meine beiden Eltern heute hier zu haben. Ohne die beiden hätte ich es niemals bis hierhin geschafft.

Am Abend der Eröffnung, als endlich langsam Ruhe einkehrt, sehen wir uns alle zusammen den kleinen Beitrag des MDR an. Er ist sehr gelungen und macht uns alle noch ein Stückchen glücklicher.

»Ich freue mich so sehr, dass unsere Sache so gut ankommt. Die Menschen interessieren sich immer mehr für die Natur, für die Tiere und die Zusammenarbeit mit Tieren. Und wir sind ab dem heutigen Tage ein Teil davon, sie ihnen näherzubringen«, resümiere ich in die Runde, und Fabian, Julian und meine Eltern nicken zustimmend.

»Da hast du recht. Es ist wirklich schön, dass wir unsere Liebe zu den Tieren zeigen und die wunderbare Arbeit mit ihnen einem großen Publikum vorstellen können. Einfach nur wundervoll«, stimmt auch Ben mir zu, während mein Papa mich stolz in den Arm nimmt und mir einen Kuss auf den Scheitel gibt.

»Ihr geht euren Weg, und die Menschen stehen staunend am Wegesrand und schauen euch zu«, erklärt er stolz.

Kayla wird Weltmeisterin

In den Wochen nach der Eröffnung pendelt sich langsam eine schöne Routine ein, und auf aufregende folgen auch immer wieder entspannte Tage ohne große Vorkommnisse, an denen ich es einfach nur mit Haut und Haaren genießen kann, Falknerin zu sein.

»Mensch, das werden ja von Tag zu Tag mehr Menschen«, bemerkt Ben an einem warmen Sommertag Ende Juni, es ist der Tag des Fußball-WM-Finales.
»Das stimmt. Das Wetter ist wunderbar und lockt viele Menschen zu uns hinauf. Wer weiß, vielleicht kommt uns ja auch schon die ein oder andere positive Mund-zu-Mund-Propaganda zugute.« Ich freue mich riesig über die wachsende Zahl an Besuchern, es ist das beste Zeichen, dass wir anscheinend vieles richtig machen.

Im heutigen Flugprogramm um vierzehn Uhr sind nahezu alle Bänke besetzt. Es weht ein laues Lüftchen, weswegen wir Milo hinaus ins Tal schicken. Als erfahrenster unserer Adler ist er der beste Indikator dafür, ob die anderen Adler ebenso eine Chance haben, große Höhen zu erreichen oder nicht. Bei schwierigen Verhältnissen ist das nämlich oftmals gar nicht so einfach für die Tiere. Gerade Milo findet aufgrund seiner

Erfahrung und seiner enormen Flugfreude an den unmöglichsten Stellen Warmluft, die ihn in große Höhen hinaufträgt.

Wie erhofft steigt er sofort über der Burg an. Das Publikum ist begeistert von seinen Flugmanövern, und ich kann mir ein Grinsen nicht verkneifen.

Das ist er also nun, mein täglicher Job. Meinen geliebten Greifvögeln beim Fliegen zusehen und dabei die interessierten Zuschauer über diese wunderbaren Geschöpfe aufklären. Einfach nur wunderschön!

In den meisten Fällen lassen es sich Ben und Milo im Flugprogramm nicht nehmen, nach einem beeindruckenden Sturzflug wieder zueinanderzukommen. Heute allerdings ist auf Bens Handschuh kein Platz, denn Mia hat dieses Fleckchen für sich beansprucht und lässt sich bisher nicht davon überzeugen, ihre Schwingen noch einmal über dem Tal von Bad Blankenburg auszubreiten.

Ganz plötzlich steht auf einmal Milo direkt über uns am Himmel. Er war gerade für einige Zeit außerhalb der Burg unterwegs, inzwischen kennt er die Gegend wohl dreimal so gut wie Ben und ich zusammen. Jetzt zieht der Adler große Kreise über dem Greifenstein, signalisiert aber immer wieder seine Landebereitschaft. Tatsächlich ist es so, dass die Adler uns auch hoch am Himmel noch mitteilen können, was sie gerade machen wollen. Ob ein Adler landen will, nur im Vorbeiflug etwas Beute fangen oder noch weiter am Himmel bleiben möchte und überhaupt kein Interesse daran hat, sich in einen Landeanflug zu begeben, können uns unsere Tiere von hoch oben mit kleinen Zeichen signalisieren. Milo legt immer wieder seine breiten Schwingen eng an den Körper und lässt sich so einige Meter nach unten fallen, nur um seinen Flug direkt im Anschluss wieder durch das Öffnen der Schwingen abzufangen. Gleichzeitig dreht er seinen Kopf schräg und lässt uns nicht aus den Augen. Ein klarer Wink mit dem Zaunpfahl, dass er nun gerne landen würde und nur noch auf eine Landeerlaubnis vom Bodenpersonal wartet. Selbstverständlich greife ich sofort in meine Tasche und ziehe ein kleines gelbes Hähnchen hervor, woraufhin ich meinen lauten Ruf ertönen lasse: »Milo! Top!« Mein Signal schallt durch die Anlage. Der Adler lässt sich nicht zweimal bitten, sondern verfällt sofort in einen rasanten Sturzflug, die Schwingen wie gewohnt eng angewinkelt. Nach seiner sanften Landung applaudiert das Publikum mit voller Begeisterung. Ich liebe meinen Job!

Milo und Mia beschließen öfter, größere Runden rund um die Burg zu ziehen. Selbst aus dem fünf Kilometer entfernten Zeigerheim bekommen wir hin und wieder Anrufe bezüglich eines kreisenden Adlers.

»Vermissen Sie Ihren Adler? Der fliegt hier über dem Feld«, oder auch »Ihr Adler sitzt neben meinem Garten auf einer Laterne«, lauten dann die Meldungen der Anwohner. Natürlich können wir sie immer beruhigen, die Adler wollen nur ihren Freiflug genießen und genau wie wir Menschen das schöne Wetter nutzen. Dabei machen sie auch schon mal Rast auf einer Laterne, bevor sie sich früher oder später wieder auf den Rückweg machen. Die erfahrenen Adler finden den Weg immer allein nach Hause, nur bei den sehr jungen Adlern kann es schon mal sein, dass sie sich verfliegen. Aber auch das ist nicht weiter tragisch. Anhand von GPS-Sendern können wir die Tiere orten und gegebenenfalls Taxi spielen und sie abholen.

Kayla hat bisher keine größeren Ausflüge unternommen, zwar traut sie sich nun immer öfter, hinter Milo herzufliegen, doch von Selbstständigkeit ist sie dabei noch weit entfernt. Nun ist der Tag gekommen und sie soll einen kleinen eigenen Ausflug unternehmen, immerhin muss sie das ja lernen. Es ist einer der ruhigeren Tage in der Falknerei, und so haben wir genug Zeit zum Üben.

Ich schicke Kayla hinaus in den leichten Wind, ganz so, wie sie es kennt, nur diesmal ohne Milo.

Sofort fängt die kleine Adlerdame an, ein paar zaghafte Kreise zu ziehen.

Während ihrer nicht allzu hohen Runden über Burg Greifenstein wird Kayla plötzlich von einer starken Böe ergriffen, die sie unbarmherzig hin und her treibt. Wo kommt denn dieser kräftige Wind plötzlich her? Kayla begutachtet von dort oben das Tal genauestens, ich kann ihren Blick geradezu über die Tiefe huschen sehen. Ein Blick nach links, ein Blick nach rechts. Immer wieder finde ich es atemberaubend, mit welcher Beiläufigkeit ein Adler mit Wind oder Thermik fliegen kann. Kayla wird allerdings immer weiter in Richtung des gegenüberliegenden Berges getrieben, ihr fehlt einfach noch die ausreichende Erfahrung.

Das Fliegen bei Sturm und Wind kann ein Adler nicht von Anfang an. Natürlich will das, ähnlich wie das Laufen bei Kleinkindern, genau gelernt und stetig verbessert werden. Im ersten Lebensjahr fliegen die Adler noch nah am Boden, immer in Reichweite einer potenziellen Landemöglichkeit. In der Natur bleiben diese von den Einheimischen in Südamerika Aguja genannten Greifvögel das erste Jahr und oftmals auch noch länger im Tal der Anden, drehen dort kleine Runden in Baumnähe. Erst mit dem Alter werden sie geübter und mutiger, wagen sich auch auf größere Höhen der Anden vor, dann bis zu viertausend Metern und mehr. Dort oben herrscht extrem ruppiger, starker Wind, für den ein Andenadler perfekte körperliche Voraussetzungen mitbringt.

Während das Fliegen über kurze Strecken für meine Adler hier zu Hause pure Muskelkraft erfordert und somit auch die gesamte Aufmerksamkeit des Tieres, ist das Segeln in großen Höhen eher eine passive Aktivität. So kann der Adler sich in aller Ruhe umsehen und seine Umgebung betrachten. Unsere Adler fliegen wir gerne mit einer kleinen Kamera am Fuß. Die Kamera ist winzig klein und sehr leicht, wodurch die Adler nicht behindert werden. Uns erlaubt dieses kleine Spionagegerät hingegen unvergleichlich große Einblicke in die Möglichkeiten unserer Tiere. Durch die Befestigung am Fuß erkennt man im Videoausschnitt alles, was sich unter dem Adler befindet, sowie am oberen Bildrand den Kopf des Greifes. So wissen wir inzwischen ganz genau, dass beispielsweise die beiden Seeadler Mia und Milo sich dort oben gemütlich treiben und den Blick in die Ferne schweifen lassen, zwischendurch immer mal wieder zu uns zurückzuschauen, nur um dann erneut einen Kreis in eine ganz andere Richtung zu ziehen. Faszinierend und erheiternd zugleich!

Nach einigen Flugmanövern, die von Mal zu Mal besser aussehen – deutlich ist eine Steigerung in Geschick und Wagnis zu erkennen –, möchte ich Kayla nun bei mir landen lassen, um sie für ihren Mut zu belohnen.

»Kayla! Top!« Ich rufe meine Kleine, doch es geht für Kayla immer weiter weg von der Burg, langsam schwant mir, dass sie möglicherweise nicht sofort hier unten bei uns landen wird. Sie fliegt immer wieder über mich, piept verzweifelt und versucht durch verschiedene Manöver, zurück zum Boden zu kommen. Doch ihr fehlt das Know-how, der Wind ist zu stark und sie nicht mutig und geübt genug, dagegen anzukommen. Oh, oh, denke ich mir und beiße mir auf die Lippe. Ob sie gleich noch den Weg nach Hause findet?

Fliegerisch lernt meine Maus hier aber gerade sehr viel. Egal ob mit oder ohne Menschentaxi, diese Flugstunde ist enorm wichtig für sie. Mithilfe des GPS-Senders kann ich Kayla live über mein Handy beobachten, obwohl ich sie hier auf der Burg schon längst nicht mehr sehen kann, denn gerade hat die Böe sie endgültig aus meiner Sicht verschwinden lassen. Ich beobachte, wie Kayla immer weiter vom Burgberg weggetragen wird, dabei allerdings keine allzu große Höhe erreicht.

Natürlich muss sich ein Adler austesten, seine Fähigkeiten ausreizen und sehen, wohin ihn seine Schwingen tragen können. Eine große Wahl hat Kayla allerdings gerade auch nicht, sie ist der Spielball des Windes und seinem Gutdünken ausgeliefert. Ein wenig nervös macht mich das Ganze schon. Ein ungutes Gefühl strömt in all meine Gliedmaßen.

Nach rund einer Dreiviertelstunde sehe ich, dass sie auf dem gegenüberliegenden Berg, dem Kesselberg, gelandet ist. Zwar weiß ich nun ganz genau, wo sich mein kleiner Adler befindet, doch ich verfalle nicht in Hektik, den Vogel schnellstens abzuholen. Der Adler muss ebenso wie das Fliegen und den Umgang mit Wind auch lernen, dass er abends allein wieder nach Hause kommen muss und ich ihn nicht überall abholen kann. Natürlich hat sie sich für ihren Ausflug ausgerechnet den Tag des WM-Finales ausgesucht, und ich weiß nicht, ob ich Ben davon überzeugen kann, mich zu begleiten, da er schon in den Startlöchern für seinen Fußballabend sitzt.

»Es ist heute lange hell. Ich würde vorschlagen, wir gucken

das Spiel und kommen dann wieder hoch auf die Burg. Dann hat Kayla genug Zeit, den Weg vielleicht allein zu finden«, schlägt Ben vor, und ich bin einverstanden. Zwar sagt mir mein Herz, dass ich sofort nach meinem Adler suchen muss, doch mein Verstand behält die Überhand: Dein Adler wird langsam erwachsen. Sie muss lernen, auch mal allein zurechtzukommen. Du siehst ja schon in Kürze nach ihr, es ist ja nun wirklich nicht allzu lange.

Das ganze Spiel über beobachte ich Kayla schon auf dem Handy, noch immer sitzt sie mitten im Wald des Kesselberges. Ich kann mich nicht wirklich auf das Fußballspiel konzentrieren, die gesamte Spieldauer über nippe ich gedankenverloren an einer Limo. Der Sender gibt mir ein Gefühl der Sicherheit, auch wenn er natürlich nichts darüber aussagt, was Kayla gerade so widerfährt und erlebt.

Vor Einbruch der Dämmerung wollen wir alle unsere Tiere stets in Sicherheit wissen, sicher vor wilden Greifvögeln und sicher vor Raubwild wie beispielsweise dem Fuchs. Nach dem Spiel und der Ehrung des neu erkorenen Weltmeisters Frankreich geht es endlich wieder in Richtung Burg. Für Ben und mich heißt es nun: bergsteigen. Mit dem Auto kommen wir nicht weit, der Hang des Kesselberges ist dicht bewaldet.

»Na, dann geht's eben nur noch zu Fuß weiter«, prahle ich motivierter, als ich bin. Dank des Senders können wir Kayla metergenau orten, allerdings gestaltet sich der Aufstieg schwierig und anstrengend. Meine mangelnde Kondition wird mir sehr klar vor Augen geführt, meine Atmung wird schwerer und schwerer und meine Schritte langsamer und langsamer. Ben scheint es ähnlich zu gehen, er kämpft sich einige Meter hinter mir den Berg hoch.

»Jetzt sind wir schon fünfzehn Minuten bergauf unterwegs, und ich habe das Gefühl, wir kommen Kayla gar kein Stückchen näher. Außerdem streiken meine Lungen schon.« Ich klage Ben mein Leid, und er sieht genauso aus, wie ich mich fühle: Mit hochrotem Kopf klettert er durchs Buschwerk. Keuchend legen wir mehrere Pausen ein, um wieder kurz zu Atem zu kommen. Der Wald des Berges ist sehr dicht und dunkel, nur wenig Licht erreicht den Boden, auf dem wir wandern. Außerdem fängt es nun langsam an zu dämmern, und ich sorge mich wegen der zunehmenden Dunkelheit. Ständig lasse ich meine Augen wie wild durch die dichten Baumreihen gleiten, dabei weiß ich ganz genau, dass es noch viel zu früh ist, um Kayla zu sehen.

»Oh Maus, was machst du nur für Sachen?«, murmele ich vor mich hin. Das ungute Gefühl, dass eines meiner Schäfchen nicht bei der Herde ist, wird stärker.

Und dann kommen wir endlich unserem Ziel näher. »Hier muss sie irgendwo sitzen«, erkläre ich. Sofort rufe ich den Adler, um ihn zu einem Laut zu bewegen:

»Kayla! Hey, wo bist du, Maus?« Ich starre gebannt auf die Bäume vor mir, suche die Äste nach dem braunen Vogelkörper ab. Plötzlich klingelt es rechts von mir, und ich drehe mich hektisch um. Ein Klingeln im Wald? Das können nur Kaylas Bells sein, so nennt der Falkner die kleinen Glöckchen, die die Vögel an den Ledermanschetten tragen. Warum die Vögel diese Glocken tragen, wird nun sehr deutlich: Den Vogel mit den Augen zu finden ist oftmals schwer, die Ohren lassen sich aber noch lange nicht so einfach täuschen. Wenn es klingelt, ist der Vogel in der Nähe!

Direkt vor mir höre ich auf einmal Äste knacken und Blätter rascheln, hier muss Kayla doch irgendwo sein!

»Kayla?«

Wenige Sekunden später kommt sie über den Boden zu mir angelaufen, die Schwingen hat sie dabei leicht geöffnet. Ein laufender Adler, ich habe selten einen lustigeren Anblick erlebt! Ich setze mich zu Kayla in die Hocke. »Piep«, ruft die Adlerdame auf dem Weg zu mir. Ich muss lächeln, als ich sie dort über den Waldboden zwischen Büschen und Stämmen so angehopst kommen sehe.

»Hallo, Schatz!«, begrüße ich Kayla, während sie mehr als glücklich auf meinen Handschuh klettert.

Wie gut, dass wir sie suchen gekommen sind. Hätte Kayla hoch oben in einem Baum gesessen, hätte sie die Nacht problemlos allein draußen verbringen können. Sie hatte sich aber auf dem Boden niedergelassen, wo sie leichte Beute für jeden Fuchs gewesen wäre und sich mit Anbruch der Dunkelheit schon ziemlich in Gefahr begeben hat. Im Gegensatz zu Eulen sehen Greifvögel in der Dämmerung oder Dunkelheit überhaupt nicht mehr gut, einige meiner Tiere wirken geradezu nachtblind. So wäre ein Adler bei einem eventuellen Angriff durch einen Fuchs völlig aufgeschmissen, weil er sich aufgrund seiner nicht vorhandenen Sicht überhaupt nicht wehren oder verteidigen könnte.

Ich bin heilfroh, Kayla wieder bei mir zu haben.

»Maus. Beim nächsten Mal setzt du dich aber bitte hoch in einen Baum!«, tadele ich den Adler. »Trotzdem bist du für mich die einzig wahre Weltmeisterin. Frankreich ist mir ganz egal!« Ich streichele ihr liebevoll über die Brust. »Und das nächste Mal fahren wir schon vor dem Fußballspiel los, egal ob Finale oder Vorrunde oder was auch immer!«, tadele ich Ben mit einem Augenzwinkern.

Die Adlerdusche

Es ist ein unendlich heißer Tag im Juli, unsere Flugvorführung ist gerade vorbei. Aufgrund der Hitze steigt die Warmluft in hohem Maße vom Tal gen Himmel. Hier bei uns am Boden ist den Vögeln genauso warm wie uns, selbst die Arten aus wärmeren Gefilden wie beispielsweise Elise haben die Flügel zum Lüften leicht aufgestellt oder nehmen direkt ein erfrischendes Vollbad in ihren Badebrenten neben den Sitzplätzen. Jeder Vogel hat natürlich seine eigene Wanne, zum Schöpfen oder Baden. Das Thermometer zeigt neununddreißig Grad Celsius an, und auf dem schattenlosen Greifenstein fühlt man sich der Sonne nur noch näher. Ohne Gnade erreicht sie beinahe jeden Zentimeter unserer Anlage.

»Hach, wie sehr ich an solchen Tagen unsere Adler beneide«, sage ich nach der Vorführung zu Ben.

Denn sobald die Adler ihre Schwingen über dem Bad Blankenburger Tal ausbreiten, entschweben sie problemlos der unbarmherzigen Hitze. Die aufsteigende Warmluft nimmt die Adler mit hinauf in den Himmel, wo sie keinerlei Kraft oder Anstrengung benötigen, sondern sich einfach nur tragen lassen können. Heute waren unsere großen Seeadler zusammen draußen in der Thermik. Milo und Mia kreisten mit einigem Abstand übereinander. Es wirkt so beiläufig, so entspannt, wenn sie dort oben treiben, den Blick schweifen lassen und dabei keinerlei körperliche Arbeit verrichten müssen. Auf Höhen von achthundert Metern und mehr ist es auch längst nicht mehr so warm, dort oben muss das Paradies sein, und meine Adler sind mittendrin.

»Ja, die haben es schon gut da oben. Ein bisschen neidisch bin ich auch, aber hier unten gibt es immerhin die Adlerdusche!« Ben macht große Augen, grinst breit und hält die Arme offen, als würde er etwas auf einer Bühne anpreisen.

Bei der Adlerdusche handelt es sich um einen langen schwarzen Schlauch, der in seiner kompletten Länge perforiert ist. Eigentlich dient er der Bewässerung von Beeten, doch wir haben ihn kurzerhand umfunktioniert. Nach der ersten heißen Woche haben Ben und ich diesen Schlauch in den Adlerhütten unter der Decke entlanggezogen. Nach jedem Flugprogramm drehen wir nun diese Adlerdusche auf und bieten den Adlern so eine willkommene Abkühlung. Sie haben die Wahl, sich direkt unter den Schlauch zu setzen, etwas entfernt den kühlen Sprühregen zu genießen oder doch lieber auf Abstand zu gehen. Unsere Adler lieben die Dusche über alles.

»Na, dann geh sie mal anschalten, ich kann's kaum erwarten«, treibe ich Ben an.

Ich stelle mich vor Mias Hütte, und Sekunden später beginnt das kühle Nass zu sprühen. Ich genieße für einen Moment selbst die Abkühlung und drehe mich langsam im Schauer von Mias Hütte vor und zurück. Auch sie freut sich über den Wasserschwall, sie springt eilig in ihre Hütte und breitet dort die Schwingen aus. Im sanften Regen schlägt sie unablässig mit den Schwingen und piept dabei laut vor sich hin. Dieses Verhalten zeigen Seeadler, wenn sie sich pudelwohl fühlen. Es gibt nichts Schöneres anzusehen als einen so durch und durch glücklichen Adler.

»Die beste Erfindung der Welt!«, grinse ich, während ich schon Gänsehaut von der Abkühlung bekomme. Mia hat die Schwingen immer noch weit geöffnet, um möglichst viel Wasser auf ihren Körper zu bekommen. Liebevoll blicke ich sie an.

»Wer hätte gedacht, dass du dich hier so wohlfühlen würdest, meine Maus«, sage ich zu ihr, denn in den ersten Monaten, in denen sie bei uns war und wir noch im Rheinland wohnten, war sie sehr ängstlich und zurückhaltend. Sie fürchtete sich schnell vor alltäglichen Dingen wie Tonnen oder Müllsäcken. Hier auf Burg Greifenstein ist sie in den vergangenen Monaten förmlich aufgeblüht und nun ein stolzer, furchtloser Adler, dem es offensichtlich sehr, sehr gut geht.

Nach meiner Dusche in Mias kleiner Nasszelle schaue ich auch noch bei den anderen Adlern vorbei. Alle sitzen sie in ihren Regenduschen und genießen die Abkühlung. Milo ist sogar noch während der Dusche in seine Badewanne gesprungen und nimmt ein Vollbad. Beim Baden tauchen die Vögel abwechselnd ihren Po, Kopf und jeweils eine Schwinge in die Wanne. Genau das macht auch Milo gerade, er taucht seinen kompletten Kopf ins Wasser, schüttelt sich und macht geschäftig mit seinen Schwingen weiter. Oftmals gehen die Vögel so weit, dass sie sich seitlich ins Wasser legen. Ich stelle mich neben Ben, der ebenfalls mit einem liebevollen Blick unsere Tiere beobachtet.

»Weißt du noch, als Milo das zum ersten Mal gemacht hat? Ich habe damals fast einen Schock erlebt, ihn so seitlich in der Wanne liegen zu sehen.«

Ben muss lachen. »Oh ja, der Anblick unserer beiden Gesichter damals war bestimmt zum Schießen. Mir ist das Herz in die Hose gerutscht, ich möchte gar nicht aussprechen, was ich in diesem Moment gedacht habe.«

Zum Glück erlöste er uns schon Sekunden später, indem er fleißig plätschernd die Körperseite wechselte und dabei sehr glücklich und zufrieden vor sich hin quäkte.

»Morgen wagen wir uns dann an den nächsten Plan«, teilt Ben mir noch am selben Abend mit.

»Ah. Die Mauer. Ich finde die Idee wirklich gut, weiß der Himmel, wieso wir darauf nicht schon vorher gekommen sind. Ich freue mich, das morgen zu testen.«

Montags ist bei uns in der Falknerei Ruhetag. Dadurch, dass wir an diesem Tag kein Flugprogramm abhalten, haben wir Zeit, uns um die Dinge zu kümmern, die den Rest der Woche liegen bleiben.

Unsere neueste Idee ist es, die Adler an thermik- oder windarmen Tagen nicht nur über die Flugwiese, sondern darüber hinaus durch die halbe Burg fliegen zu lassen. Sie sollen dort auf einer hohen Mauer landen, von wo aus sie wieder zurück zur Flugwiese starten können.

»Aber Ben, ich muss jetzt leider noch intervenieren. Die Mauer ist wirklich hoch, dort als Falkner einen Vogel zu fliegen, ist definitiv zu gefährlich. Da lasse ich auch nicht mit mir verhandeln.«

»Na gut, dann muss eben eine Leiter her.«

»Auch eine Leiter steht nicht sicher, was hältst du von einer Art Plattform? Ein bisschen wie der Hochsitz eines Jägers, nur ohne Dach?«

»Puh, dann müssen wir die morgen ja zuerst noch bauen.«

»Genau! Wir bauen doch gerne, das wird klasse!«, erkläre ich freudig.

Am nächsten Morgen fangen wir schon früh an, um durch den Bau des Podests nicht allzu viel Zeit zu verlieren. Das Podest ist schnell errichtet, und so steht der Umsetzung unserer Idee nichts mehr im Wege.

»Dann versuchen wir mal unser Glück. Ich klettere freiwillig auf den Hochstand, ich freue mich nämlich schon, ihn einzuweihen«, erkläre ich Ben.

Minuten später stehe ich dort und rufe Milo zu mir. Unser mutigster Adler soll mit gutem Beispiel vorangehen. Greifvögel sind absolute Gewohnheitstiere. Neuerungen, wie wir Menschen sie immer mal wieder gerne haben wollen, werden von Greifvögeln grundsätzlich zunächst kritisch beäugt und skeptisch betrachtet.

Es ist natürlich auch eine Übungssache, wie sehr sich der Greifvogel von Veränderungen beeindrucken lässt, aber auch der Charakter eines jeden Individuums spielt hierbei mit hinein.

Und nun ist es ausgerechnet unsere Rampensau Milo, die einen riesigen Respekt vor der Mauer zeigt.

Gerade will er auf der Mauer landen, doch in der Sekunde, in der seine Fänge den rauen Untergrund berühren, springt er wieder hoch in die Luft und fliegt zu Ben auf die andere Seite zurück. Fast wirkt es, als sei die Mauer unter Strom gesetzt.

»Noch mal!«, rufe ich hinüber zu Ben, denn ich habe die Hoffnung, dass Milo sich bei der zweiten Runde nicht ganz so anstellen würde. Was stört ihn bloß? Ich bin überfragt, denn die Mauer ist eine ganz normale Steinmauer.

»Na los, Milo! Wir loben dich immer so, zeig doch mal, warum!«, rufe ich laut zur anderen Seite.

Wieder erhebt sich Milo in die Luft, doch nun weigert er sich komplett, die Mauer zu berühren, sondern zieht hoch über mir einen Kreis und beweist damit wieder einmal, wie wendig und geschickt er im Luftraum unterwegs ist.

Etwas irritiert versuchen wir es noch zwei weitere Male, doch Milo bleibt stur: Die Mauer ist ihm nicht geheuer, eine Landung scheint völlig ausgeschlossen.

Mein letzter Versuch ist es, Milo auf meinem Handschuh statt auf der Mauer landen zu lassen. Mit diesem Kompromiss ist der werte Herr einverstanden, zielgenau steuert er meinen Handschuh an und verputzt seine Belohnung.

»Na gut«, sage ich zu dem Adler, »dann eben mit Kompromiss. Du bist der Boss, Milo.« Einen Adler kann man zu nichts zwingen.

Andenadler Kayla versteht das System sofort, die Mauer stellt für sie kein Problem dar. Motiviert und fröhlich landet sie neben mir. »Hallo, Süße. Da bist du ja. Dass du mal mutiger bist als Milo. Wer hätte das gedacht?«

»Tschiep«, ist die Antwort, die ich bekomme. So eine süße Adlerdame.

Der europäische Seeadler Mia äußert mehr Bedenken. Sie fliegt rüber zur Mauer, landet für circa eine Sekunde darauf, hüpft dann erschrocken wieder hoch und fliegt zurück zu Ben. Das kenne ich doch schon von Milo! Offenbar ist ihr die Mauer ebenfalls nicht sonderlich geheuer. Nun taste ich die Mauer ab und stelle fest, dass sich der Mörtel langsam löst. Unter meiner Hand fühle ich ihn nachgeben. Da liegt also das Problem! Für die schweren Adler wirkt die Mauer vielleicht, als wäre sie gar kein fester Untergrund, da der Mörtel nachgibt. Sie sehen also eine Gefahr. Da muss ich sie wohl einfach nach und nach vom Gegenteil überzeugen.

Als Falknerin muss ich mich jederzeit auf die Bedürfnisse meiner Vögel einstellen.

Warum ist der Vogel unsicher? Stört ihn etwas, wenn ja, was ist es? Handelt es sich um eine Situation, die seine Fähigkeiten überfordert, beispielsweise das Fliegen mit starkem Wind, oder hat ein Besucher eine besonders ausgefallene Tasche dabei, die den Vogel ängstigt? Kann der Adler von seiner derzeitigen Position überhaupt bei mir landen? Hat er Rücken- oder Gegenwind? Meine Aufgabe ist es auch, sicherzustellen, dass kein Zuschauer seine Hände in die Flugbahn hält oder reflektierende Kleidung trägt, die den Adler am Himmel irritieren könnte.

Diese und unendlich viele weitere Punkte geht man als Falkner durch, um seinen Vogel zu verstehen. Ich bin also gewissermaßen auch Vogel-Psychologin. Was denkt der Vogel? Was mag er, was nicht? Wovor hat er Angst, und was bereitet ihm Freude? Bei welchem Wetter fliegt er am liebsten?

Alles muss herausgefunden werden, um dem Vogel gerecht werden und seine Bedürfnisse voll befriedigen zu können. Denn nur ein glücklicher und zufriedener Greifvogel arbeitet gerne mit mir zusammen und bleibt bei mir.

Noch einmal versuche ich, Mia zu mir auf die Mauer zu locken. Wieder kommt sie zügig angeflogen und landet. Diesmal springt sie nicht sofort wieder hoch, sondern schaut sich mehr als skeptisch um. Mit ihren Adleraugen fixiert sie erst den Untergrund, auf dem sie sitzt, und anschließend das Holzpodest, auf dem ich stehe. Schnell werfe ich ihr noch weitere Futterbrocken auf die Mauer, damit sie diese als einen attraktiven Ort versteht. Nach ein paar Sekunden stellt Mia wohl fest, dass ihr nichts passieren kann, dreht sich um und fliegt wieder hinüber zu Ben. Der dritte Flug zu mir läuft noch ein bisschen besser, Mias Skepsis lässt zusehends nach.

Für die restliche Flugsaison können unsere Adler bei unpassendem Wetter nun also die Mauer als Anflugpunkt nutzen. Mittlerweile landet auch Mister Milo auf der Mauer, er kann sich inzwischen sicher sein, dass die Gefahr, die er an diesem Ort vermutete, nicht besteht. Mit zahlreichen Futterbrocken und viel Geduld habe ich es geschafft – Überzeugungsprogramm erfolgreich abgeschlossen.

Das Grüne Klassenzimmer

»Guten Morgen zusammen!« Ich betrete die Falknerei am frühen Morgen und begrüße meine Vögel wie jeden Tag mit einem lauten Rufen. Wie immer werde ich aus allen Richtungen mit lautem Gepiepe, Gekrächze oder völlig undefinierbaren, aber für mich zweifelsfrei jedem einzelnen Vogel zuzuordnenden Rufen begrüßt.

Wir beginnen mit dem Wiegen der Tiere.

»Kayla hat schon wieder schlechte Laune. Du kannst deine Diva selbst aus dem Bett werfen«, verkündet mir Ben nach einem Blick in Kaylas Voliere. Meine kleine Adlerdame ist tatsächlich eine ziemliche Diva. Sie lässt sich nur von Personen, die sie gut kennt, aus der Voliere holen. Bei Fremden ist sie ein wahrlich garstiges kleines Biest. Aber sogar bei den Menschen, mit denen sie vertraut ist, ist sie manchmal unberechenbar.

»Ich weiß gar nicht, was du hast. Sie ist doch ein kleiner Engel«, erwidere ich grinsend, denn bei mir zeigt sich die Dame von ihrer besten Seite.

Ich öffne die Volierentür und halte Kayla auffordernd meinen Handschuh hin.

»TSCHIEEEP«, begrüßt sie mich lautstark, während sie ganz gemütlich erst den einen und dann den anderen Fang auf das dicke Leder stellt.

»Eintausendneunhundertfünfzig Gramm. Na, perfekt, Süße.« Ich notiere ihr Gewicht und bringe sie auf ihren Platz. Das Ziel ist es immer, den Vogel in einem gesunden Gewicht zu halten, sodass er weder verfettet noch hungert, sondern eben kerngesund ist. Mit dem sogenannten Appell ist der Tagesappetit eines Greifvogels gemeint. Ich muss also meine Tiere nicht *hungern lassen,* wie es leider sehr oft von Kritikern heißt. Natürlich möchte der Vogel etwas fressen, wenn er morgens wach wird. Aber wer möchte das nicht? Auch jeder Mensch, jeder Hund, jede Katze möchte jeden Tag seine Mahlzeit auf dem Tisch haben und ist auch bereit, etwas dafür zu leisten. Sei es nun, als Mensch zum Italiener um die Ecke zu laufen oder als Hund ein Kunststückchen für sein Futter zu zeigen. Der tägliche Appetit ist etwas völlig Normales und hat nichts damit zu tun, dass wir unsere Tiere nicht optimal versorgen. Und über diesen Appetit motivieren wir eben unsere Vögel, bei uns auf dem Arm oder auf bestimmten Punkten zu landen. Wenn sie keine Lust darauf haben, dann lassen sie es bleiben, egal wie viel Futter ich auspacke. Es dient immer nur als kleine Belohnung.

Während des Wiegens kontrolliere ich noch den Allgemeinzustand meiner Tiere. Gibt es kaputte Federn oder gar Verletzungen oder Wunden, ist die Schnabellänge in Ordnung oder müssen wir ein bisschen feilen? Der Hornschnabel eines Greifvogels wächst ein Leben lang, genau wie Fingernägel. Normalerweise nutzt er sich durch die Nahrung ab, doch manche Tiere haben ein stärkeres Wachstum, als die Knochen im Futter abwetzen können. Dann feilen wir den Schnabel auch mal nach, das tut nicht weh, und sobald die Tiere mit dem Prozedere vertraut sind, ist es kein größeres Problem mehr für sie. Es ist vergleichbar mit dem Haare- oder Nägelschneiden beim Menschen. Jeden Tag aufs Neue versichern wir uns also, dass es den einzelnen Vögeln an nichts fehlt. Denn nur dann sind sie glücklich und zufrieden. Und nur ein glücklicher und zufriedener Vogel bleibt gerne bei seinem Falkner.

»Pff, du und deine Kayla«, sagt Ben amüsiert, denn er weiß, dass jeder Vogel seinen Lieblingsfalkner hat. Die Tiere suchen sich ihre Bezugsperson selbst aus, die Beweggründe sind oftmals nur schwer nachzuvollziehen. Ich habe die Vermutung, dass die Greifvögel sich einen menschlichen Partner auch danach aussuchen, ob er charakterlich zu ihnen passt. Dass die Tiere einen Menschen binnen Sekunden durchschauen, ist hierbei kein Geheimnis. Bei Menschen, die Angst vor den Greifvögeln haben, möchten diese gar nicht auf dem Handschuh sitzen oder landen. Milo hat sich einmal strikt geweigert, bei einer Dame für ein Foto zu sitzen. Sie wollte das Foto zwar unbedingt, hatte aber so riesige Angst, dass sie ihren linken Arm weit ausgestreckt und den Oberkörper und den Kopf nach rechts, vom Vogel weg, hielt. Milo war dieses Verhalten nicht geheuer, er ist immer wieder zu mir zurückgehüpft, bei der Dame wollte er nicht bleiben.

Nachdem ich Kayla versorgt habe, widme ich mich dem sibirischen Uhu namens Lotte und hole sie aus ihrer Voliere. Das Uhumädchen ist jedes Mal außer Rand und Band, wenn man morgens ihre Voliere betritt. Fröhlich schnatternd tänzelt der kleine Haufen Federn von einem riesigen Fang auf den anderen, so auch heute. Sie tänzelt so wild hin und her, dass sie auf einmal von ihrem Sitzplatz plumpst. Ich erschrecke mich kurz, aber der Uhu selbst lässt sich kaum beirren oder aufhalten, Lotte tänzelt am Boden fröhlich weiter. Ich helfe der süßen Maus dabei, auf meinen Handschuh zu klettern, indem ich meine flache Hand unter ihren Bauch schiebe und sie dann auf meine Hand geleite. Dieses Schauspiel ist einfach unheimlich niedlich, selten habe ich etwas Süßeres als diesen Uhu am heutigen Morgen erlebt.

»So, alle Vögel versorgt, dann geht's ans Saubermachen. Wer macht was?«, fragt mich Ben.

»Ich sammle heute mal Federn und Gewölle, geh du mit dem Schlauch durch.«

Auch das tägliche Reinigen der Volieren steht auf der Agenda. Mauserfedern und Gewölle, die Speiballen der Vögel, werden von mir in einem kleinen Eimerchen eingesammelt, während Ben mit dem Schlauch den Schmelz der Vögel vom Kiesuntergrund in die darunterliegende Drainage spült. Danach werden noch die Badebrenten geschrubbt und mit neuem Wasser gefüllt.

Heute hebe ich die gesammelten Mauserfedern und Gewölle auf, denn eine Schulklasse hat sich angekündigt.

»Hey, Ben. Gleich kommt die Schulklasse. Brauchst du noch Hilfe, oder kann ich das Grüne Klassenzimmer schon mal vorbereiten?«

Es ist laut, sehr laut. Die Kinder einer vierten Klasse sitzen unruhig auf den Zuschauerbänken. Die Lehrer haben sich irgendwo dazwischen platziert und versuchen die ganz besonders Wilden vom Steinewerfen abzubringen. Ich betrete mit Linus, meiner kleinen, einhundertsechzig Gramm schweren Weißgesichtseule, die Manege, und plötzlich wird es mucksmäuschenstill.

»Hallo, ihr Lieben!«, begrüße ich die fünfundzwanzig Kinder vor mir.

»Haa-llooo«, antwortet man mir im Chor. Hach, wie schön!

»Willkommen in der Falknerei Burg Greifenstein zum Grünen Klassenzimmer. Ich bin Sandra, die Falknerin. Ihr seid heute hier, um ein bisschen über die Biologie von Greifvögeln und Eulen zu erfahren. Damit das Ganze nicht zu trocken wird, habe ich hier ein paar lebende Lehrer angestellt, die mich beim Erklären unterstützen werden.« Ich zeige dabei mit meiner rechten Hand auf den kleinen Linus zu meiner Linken. Ein Raunen geht durch die Reihen, und ich sehe viele Münder offen stehen.

»Wer weiß denn, was für ein Vogel hier auf meiner Hand sitzt?«

So fange ich ganz simpel an und hole dann immer ein bisschen weiter aus. Natürlich will ich eine vierte Klasse nicht überfordern, aber die Infos über Linus und Eulen im Allgemeinen werden dankbar aufgenommen.

»Und wenn ihr ganz genau hinseht, könnt ihr an Linus' äußersten Flügelrändern ganz feine Federchen sehen. Dadurch, dass der Rand so weich ist und nicht hart abgegrenzt wie bei allen anderen Vögeln, können Eulen absolut lautlos fliegen. Dadurch können sie sich perfekt an Mäuse heranschleichen.«

Zur Veranschaulichung reiche ich nun zusätzlich eine von Linus' Mauserfedern durch die Reihen, während ich auch jedem Kind die kleine Eule einmal höchstpersönlich vor das Gesicht halte. Als Mauser bezeichnet man den jährlichen Gefiederwechsel aller Vögel. Alte, kaputte Federn werden einfach durch neue ersetzt. Während kleinere Greifvögel jedes Jahr das komplette Federkleid austauschen, brauchen größere Adler und Geier oftmals mehrere Jahre für einen Komplettwechsel.

»Eulen sind übrigens keine Greifvögel, sondern eine ganz eigene Ordnung im Reich der Tiere. Eben weil sie so besonders und so anders als die Greifvögel und auch als alle anderen Vögel sind. Was ihr euch aber merken könnt: Wenn es stockdunkel ist, sieht auch eine Eule nichts. Eulen können das Restlicht von Sternen und dem Mond Verstärken und dadurch etwas sehen. Gibt es kein Licht zum Verstärken, sieht die Eule genauso viel wie wir, nämlich gar nichts. Deswegen verlässt sie sich zum Jagen auch primär auf ihre hervorragenden Ohren.«

Als Nächstes gebe ich zwei Gewölle herum, eines von Linus und eines von einem der Adler. »Was ihr da gerade seht, diese Gewölle, sind Speiballen der Vögel. Weil die Vögel beim Fressen ziemlich gierig sind, wird alles mit verdrückt: Haut, Haare, Knochen und Federn. Da ist dann einiges dabei, was der Greifvogel oder die Eule gar nicht verdauen kann. Es läge dann ziemlich schwer im Magen. Also würgen sie alles, was nicht verdaut werden kann, wieder hoch. Bei Greifvögeln sind das primär Fell und Federn.« Ich zerpflücke ein Adlergewölle vor den Augen der Kinder. Innen ist nichts zu finden, es ist tatsächlich ein reines Federknäuel. »Bei Eulen ist das viel spannender. Die verdauen nämlich auch keine Knochen! In Eulengewöllen kann man mit etwas Glück die ganze letzte Mahlzeit rekonstruieren.« Nun ist das Eulengewölle an der Reihe, von mir zerrupft zu werden. Und siehe da: Ich finde kleine einzelne Mäuseknochen. »Linus hatte gestern also eine sehr leckere kleine Maus«, erkläre ich den staunenden Kindern. Es ist nach wie vor still, kein Kind sagt ein Wort. Ich spüre, dass sie begeistert von den Tieren sind, fast ehrfürchtig wirken sie, aber auch gut unterhalten. Die Mischung aus Praxis und Information kommt offenbar gut an.

Um den Unterschied zu den Greifvögeln noch weiter auszuführen, lasse ich nun meinen Schakalbussard Elise fliegen. Meine kleine Elise steuert zielsicher die Mauer hinter den Kindern an und lässt sich sofort voller Motivation wieder zurück zu meinem Handschuh gleiten. Dabei schwebt der Bussard dicht über die Köpfe der Kinder. Meine kleinen Zuschauer glucksen vor Freude und ducken sich unter den Schwingen des Greifvogels.

»Was ihr hier so hautnah erlebt, ist der Segelflug eines Bussards. Milane, Weihen, Adler und Geier können das auch. Segeln heißt, dass die Tiere so breite Schwingen haben, dass sie, ohne mit diesen zu schlagen in der Luft schweben können und die Luft sie trägt. Das ist ungefähr so, wie wenn ihr im Schwimmbad den ›Toten Mann‹ macht. Dabei trägt euch auch die Wasseroberfläche, ohne dass ihr Schwimmbewegungen machen müsst.« Wieder überquert Elise die Köpfe der Kinder. Dadurch, dass ich meine Position immer ein wenig ändere, kommt Elise bei jedem Kind einmal ganz nah vorbei. Die Kinder sind völlig verzückt, ich höre »Ohhhs« und »Ahhhs« aus allen Richtungen. Auch die Lehrer hängen wie gebannt an meinen Lippen und schauen beeindruckt meiner Elise hinterher.

»Bei diesem Segelflug, den die Tiere auch hoch am Himmel machen können, jagen sie auch. Von da oben haben sie den besten Ausblick; wenn unten ein Mäuschen auf dem Feld läuft, kann der Bussard sich blitzschnell hinunterfallen lassen.« So, als hätten wir uns abgesprochen, lässt sich Elise genau in diesem Moment wieder von der Mauer auf meinen Handschuh fallen. »Zack, oder sie fangen, wie Elise hier, den Handschuh der Falknerin.«

Nach der kleinen Vorführung reden die Kinder auf mich ein und teilweise wild durcheinander, um mich noch mit vielen Fragen zu löchern.

»Das war so toll! Linus ist sooooo süß!«, erklärt mir ein kleines Mädchen mit strohblondem Haar.

»Vielen Dank. Das freut mich, dass er dir gefällt.«

»Fressen die auch was anderes als Fleisch?«, höre ich einen kleinen Jungen aus einer der hinteren Reihen fragen. »Nein, Greifvögel sind total verwöhnt. Die wollen immer nur Fleisch. Jeden Tag.«

»Ich esse auch gerne Fleisch!«, antwortet wieder ein anderer Junge. Eine der Lehrerinnen und ich selbst müssen darüber laut lachen.

»Die Elise hat mich mit ihrem Flügel an der Wange berührt!«, erklärt mir ein Junge mit strahlenden Augen. »Oh, wirklich? Wir Falkner sagen, das bringt Glück!«

Ich freue mich riesig, dass mein Projekt *Grünes Klassenzimmer* so positive Resonanz von den wichtigsten Teilnehmern bekommt: den Kindern höchstpersönlich. Und wer weiß, vielleicht macht eines von ihnen ja sogar später einmal das *Grüne Abitur* und erinnert sich dann noch an die heutige Vorbereitungsstunde.

Alle wachsen über sich hinaus

Viele Wochen nach Kaylas WM-Ausflug, es ist inzwischen Herbst und die Blätter haben sich deutlich verfärbt, herrscht zum ersten Mal seit dem Umzug auf die Burg ein richtiger Sturm.

Ich stehe im Zentrum der kleinen Flugwiese, auf der ich tagtäglich meine Greifvögel ins Tal starten lasse. Am Himmel ist ein kleiner schwarzer Punkt zu sehen, den ich keine Sekunde lang aus den Augen lasse, denn es handelt sich um meine geliebte Kayla. Durch ihren Flug vor ein paar Wochen hat sie so viel dazugelernt, dass ich beschlossen habe, sie heute noch einmal ein wenig mehr zu fordern. Ich erinnere mich liebevoll daran zurück, wie sie das erste Mal eine kleine Runde in circa zehn Meter Höhe über ein Feld zog, ohne sofort einen Landepunkt anzusteuern. Nach ihrer Landung auf meinem Handschuh habe ich sie gefeiert wie einen Superstar, so stolz war ich auf ihren Mut.

Nun stehe ich hier auf der Flugwiese, habe Kayla soeben in den starken Wind starten lassen, der nicht zu vergleichen ist mit der Böe, die Kayla am WM-Tag weggefegt hat. Aber seitdem hat sie viel gelernt. Am Anfang hielt sie sich immer dicht bei mir auf, suchte im Freiflug immer zügig eine erhöhte Landemöglichkeit, zum Beispiel die Burgmauern, von denen aus sie mich im Blick hatte. Die ersten leicht windigeren Tage brachten Kayla dann dazu, ihr Können nach und nach auszureizen und zu verbessern.

Der Wind drückt sie mit seiner unbändigen Kraft direkt raus ins Tal. Jetzt ist Kaylas ganzes Können gefragt: Der Sturm zeigt kein Erbarmen mit ihr, stark und unnachgiebig drückt er sie immer weiter von mir weg. Doch Kayla widersetzt sich dieser Kraft nicht nur, sondern nutzt sie für ihre Zwecke: Ihre Kreise am Horizont bringen sie mit jeder Umdrehung höher und höher, für meine Augen wird sie kleiner und kleiner.

Mit zusammengekniffenen Augen beobachte ich meinen jungen Adler, kaum fähig zu begreifen, welche Höhen sie dort zum ersten Mal in ihren jungen Jahren erreicht. Auf einmal ist sie so selbstständig. Die Welt liegt ihr nun, Hunderte Meter weit über Burg Greifenstein, komplett zu Füßen. Was immer sie tut, liegt völlig in ihrer Entscheidung. Diese Gedanken lassen mich doch angst und bange werden. Was, wenn sie dem Ruf der Ferne folgt und sich immer weiter von mir wegtragen lässt? Was, wenn sie beschließt, dass sie mich als ihren Partner nicht mehr braucht, denn wir wissen beide, dass sie auch ohne mich gut zurechtkäme. Alle Greifvögel sind nach wie vor wilde Tiere, welche sich das Leben mit ihrem Menschen auf einer gleichberechtigten Ebene teilen und kooperieren. Keiner hat dem anderen etwas voraus, hat den anderen in der Hand. Kayla hat alle ihre Instinkte, kann jagen, sich ernähren, überleben.

Ich fange an, den kleinen schwarzen Punkt zu rufen. Ob Kayla mich da oben hört? Ich weiß es nicht, rufe aber weiter, vermutlich nur für mich selbst. Wessen ich mir hingegen sicher bin: Kayla sieht mich. Garantiert lässt meine kleine Adlerdame da oben ihre engste Vertraute nicht aus den scharfen Adleraugen. Mit bekannten Gesten versuche ich ihr zu zeigen, dass sie zu mir kommen soll, die Weite und Höhe gegen die vertraute Nähe zu mir einzutauschen. Und tatsächlich: Ich erkenne, wie der schwarze Punkt dort oben immer größer wird, mit rasender Geschwindigkeit kommt Kayla immer näher. Die Flügel hat sie eng angelegt, sie versucht sich in einem rasanten Sturzflug. Etwa einhundert Meter über mir unterbricht sie diesen Sturzflug und gleitet wieder in einen Segelflug ab. Ich muss laut lachen; sie entdeckt das erste Mal Geschwindigkeit für sich, nur um festzustellen, dass das punktgenaue Abbremsen und Landen aus diesem freien Fall gar nicht so einfach sind. Die letzten Meter legt sie langsam pendelnd zurück, ihr Flugstil erinnert mich nun stark an den eines Schmetterlings. Wieder muss ich lachen, denn hier zeigt sich, dass meine Kayla eben doch noch fast ein Baby ist. Zur Begrüßung piepend lässt sich der Adler auf meinem Handschuh nieder und verschlingt freudig das dort angebotene Fleischstückchen.

Während Kayla ihr Fliegen in den wilden Herbststürmen perfektioniert, sind sie für die Beizjagd mit Dexter eher ungünstig. Als endlich der erste windstille Tag kommt, kann ich wieder mit ihm jagen. Unsere Flugshow-Saison geht zwar noch bis Ende Oktober, aber am heutigen Samstag haben wir uns den Nachmittag für die Beizjagd freigehalten.

Nachdem ich im Rheinland die Beizjagd auf Krähen sehr erfolgreich ausüben konnte, habe ich hier in Thüringen nun auch die Möglichkeit, zusätzlich mit Dexter Kaninchen zu bejagen.

Innerhalb einer Friedhofsanlage scheinen die kleinen Hasenartigen sehr große Probleme zu bereiten, da sie die Gräber untergraben.

»Dexter freut sich schon!«, sage ich grinsend zu Ben, und

auch ich freue mich schon auf viele Stunden Spannung und Zweisamkeit.

Die Anfrage für den Schutz der Gräber lag vor zwei Wochen in meinem Briefkasten. Es ist ein schönes Gefühl, der Stadt nützlich zu sein und gleichzeitig mit Dexters Hilfe gesundes und biologisches Futter für all meine Vögel zu erjagen.

»Endlich haben wir hier die Möglichkeit, Dexters Fähigkeiten einzusetzen«, erkläre ich Ben freudig, kurz bevor wir losfahren, um das erste Mal den Friedhof zu durchkämmen.

Kurz vor Beginn der Abenddämmerung kommen wir auf dem Friedhof an. Wir sind mit einem Freund verabredet, der im Besitz von Frettchen ist. Die kleinen Jagdhelfer sollen die Kaninchen aus den Bauten treiben, damit Dexter seines Amtes walten kann. Markus jagt viel mit seinen Frettchen, im gesamten Freistaat Thüringen unterstützt er Falkner mit seinen Tieren.

»Hallo, Markus«, begrüße ich den jungen Mann, welcher schon mit einer geräumigen Box zu Füßen auf uns wartet.

»Hallo, ihr beiden.«

Wir ziehen zu dritt mit Balu, Dexter und Markus' Frettchen los, um die Bauten aufzuspüren. Lange suchen müssen wir allerdings nicht, dank Balus perfekter Spürnase stehen wir schon bald vor dem ersten befahrenen, also bewohnten, Kaninchenbau.

»Dann mal los, lieber Markus.« Markus nickt und nimmt seinen Frettchenrüden aus der Transportbox. Routiniert läuft der kleine Kerl in die Kaninchenröhre und ist erst mal für einige Minuten verschwunden.

Ich positioniere mich mit Dexter einige Meter entfernt von dieser Röhre, um alles im Blick zu haben. Kaninchenbauten haben immer mehrere Ausgänge, deswegen stehe ich schön zentral. Ich bin hoch konzentriert, und auch Dexter ist nur noch auf die Kaninchenröhren fixiert. Mein Bussard weiß genau, worum es hier gerade geht. Nichts kann ihn in seiner Konzentration stören.

Plötzlich geht alles ganz schnell, ein Kaninchen springt aus einer der Öffnungen rechts von mir, Dexter reagiert viel schneller als ich, denn als ich die Bewegung realisiere, ist mein kleiner Wüstenbussard schon längst unterwegs und jagt dem Kaninchen hinterher.

Als Terzel hat Dexter sein geringeres Körpergewicht und die daraus resultierende größere Wendigkeit zu seinem größten Vorteil. Doch das Kaninchen ist ihm trotzdem überlegen, es schlägt geschickt einen Haken und verschwindet in der nächsten Röhre. Dexter hat keine Chance, er landet vor der Röhre auf dem Boden und schaut dem Kaninchen betrübt nach.

»Hach! Schade!«, rufe ich aus und laufe zu Dexter, um ihn wieder zu mir auf den Handschuh zu holen. Ich blicke mich um und sehe, wie Markus sein weißes Frettchen wieder einsammelt, das gerade aus einer anderen Öffnung gehoppelt kommt.

»Sandra!« Ben kommt aus einem anderen Teil des Friedhofs angejoggt.

»Nanu? Wann bist du denn verschwunden? Wo warst du?«

»Ich habe den Friedhof etwas erkundet, dort vorne ist eine große Wiese, auf der bestimmt fünfzehn Kaninchen draußen sitzen und sich sonnen. Wir könnten uns dort anpirschen.«

Wir planen, wie wir mithilfe des Windes am besten unbemerkt an die Fellnasen herankommen. Man darf sich niemals mit Rückenwind heranpirschen, denn dann weht einem der eigene Geruch voraus und verrät einen. Ich gehe mit Dexter voraus, die anderen bleiben mit Balu etwas zurück, um keine unnötigen Geräusche zu verursachen.

Wir nähern uns langsam der Hecke, ich gehe in die Hocke, um möglichst lange unsichtbar zu bleiben. Dexter und ich schaffen es tatsächlich, bis an die Hecke heranzukommen, bevor ich mich aufrichte und Dexter so die Kaninchen zeige.

Dexter startet in der gleichen Sekunde von meiner Faust und beginnt sofort, die günstig sitzenden Kaninchen anzujagen. Hierbei zeigt sich ein faszinierendes Naturschauspiel: Oftmals jagt Dexter nicht das für mich augenscheinlich am besten sitzende Kaninchen an, sondern ein anderes Tier aus der Gruppe. Woran liegt das? Mittlerweile habe ich festgestellt, dass genau die Tiere, die Dexter innerhalb von Bruchteilen einer Sekunde anjagt und schlägt, die kranken, schwachen oder unerfahrenen Tiere der Gruppe sind. Häufig haben diese Tiere Verletzungen, wirken vielleicht kränklich, schwach oder Ähnliches. Durch die Jagd mit einem Greifvogel findet also nahezu eine ideale Selektion statt, diese ist einem Menschen in diesem Ausmaß gar nicht möglich: Kranke und/oder schwache Tiere werden zielgenau der Natur und einer Gruppe entnommen, wodurch langfristig eine gesunde Population gefördert wird, da die klügsten und gesündesten verschont bleiben und sich fortpflanzen können.

Diesmal ist Dexter erfolgreich. Der Jagdflug ist wahnsinnig spektakulär, das von Dexter ins Auge gefasste Kaninchen schlägt zwei Haken, bevor es eine Sekunde zögert, die Dexter sofort zu nutzen weiß. Ich renne sofort los, um meinen Bussard wenn nötig zu unterstützen, doch das offenbar sehr schwache Jungtier ist schon verendet, als ich dazustoße. Ich hocke mich neben Dexter, der heftig atmend, aber stolz auf seiner Beute sitzt. Er ist noch zu sehr aus der Puste, um mit dem Fressen zu beginnen. Ich helfe ihm, an das Fleisch zu kommen, und genüsslich beginnt Dexter nun, froh über meine Unterstützung, die ersehnte Nahrung zu verspeisen.

Da diese Jagdflüge, oft sind auch einige erfolglose dabei, bis tatsächlich ein Beutetier gebunden werden kann, sehr energieaufwendig sind, ist es unabdingbar, dass der Vogel sich in bester körperlicher Verfassung befindet. Hierfür sorge ich natürlich, indem ich allen meinen Tieren stets ausreichend gesunde, abwechslungsreiche und frische Nahrung anbiete.

Nachdem sich Dexter an seiner Beute satt gefressen hat, treten wir den Heimweg an. Markus' Frettchen und Balu bekommen natürlich auch jeweils eine Portion Fleisch ab, denn auch unsere Jagdhelfer haben sich die Belohnung verdient.

Stolz und zufrieden setze ich Dexter am frühen Abend in seine Voliere. Sofort zieht er ein Beinchen ein und plustert sein Gefieder auf. Er ist offenbar genauso zufrieden mit sich, wie ich es bin.

»Was hast du für morgen aufgetaut?«, fragt mich Ben, als ich am Abend aus der kleinen alten Bastion komme. Diese Bauwerke dienten früher der Verteidigung der Burg, kleine Schießscharten erlaubten das frühe Abwehren der nahenden Feinde. Wir nutzen diesen Bau heute für die Unterbringung unserer drei Kühltruhen, in denen wir das Futter für die Tiere lagern. Am Abend wird immer das Futter für den nächsten Tag aufgetaut.

»Den Rest von Dexters Kaninchen haben wir ja noch, dazu drei Ratten und fünf Wachteln. Und dann natürlich noch hundert Eintagsküken. Ach ja, und jeweils ein Rotauge für die Seeadler.«

»Perfekt.«

Jeden Sonntag gibt es bei uns ein Festmahl für die Vögel. Es ist uns sehr wichtig, dass unsere Tiere über den Sommer mindestens einmal pro Woche hochwertiges und abwechslungsreiches Fleisch neben den Küken bekommen, im Winter sogar noch öfter.

Greifvögel sind Hochleistungssportler mit einem sehr hohen Energieverbrauch. Um den Körper im Allgemeinen, die Flugmuskulatur und die Federbildung während der Mauser immer in perfektem Zustand zu halten, werden viele verschiedene Nährstoffe benötigt. Eine einseitige Ernährung wäre das Schlechteste, was man einem Greifvogel antun könnte. Eine gesunde und ausgewogene Ernährung ist für die Tiere genauso wichtig, wie sie es für uns Menschen ist. Ein schlechter Ernährungszustand macht den Greifvogel schwach und anfällig für Krankheiten.

»Die Mäuse habe ich auch direkt gefüttert und mit neuem Wasser versorgt«, erzähle ich Ben. Einen Teil unserer Futtertiere züchten wir selbst nach. Wir verfüttern sie aber nicht lebendig, das ist in Deutschland nicht erlaubt und auch nicht notwendig, da die Greifvögel bereits tote Futtertiere gerne annehmen. Neben Ratten und Mäusen, die wir selbst nachziehen, stehen auf dem Speiseplan unserer Vögel Kaninchen, Meerschweinchen, Wild und Wachteln und für die Seeadler verschiedene Fischarten. Und natürlich die Eintagsküken. Durch den Eidotter im Bauchraum der Küken stellen auch diese ein sehr nahrhaftes und vitaminreiches Futtermittel dar. Das Wild bekommen wir von verunfallten Wildtieren, wie beispielsweise Rehen, von den zuständigen Jägern überlassen.

Was wir nicht verfüttern, sind Schweinefleisch und Tauben, da hier das Erkrankungsrisiko für die Greifvögel zu hoch ist.

»Na, dann haben wir uns unseren Feierabend ja verdient«, sagt Ben zu mir, und ein erfolgreicher Samstag auf der Burg geht zu Ende.

Gute Besserung, Dexter!

»Guten Morgen, meine Lieben.« Das Ritual, meine Vögel jeden Morgen lautstark zu begrüßen und eine ebenso lautstarke und kunterbunte Antwort zu erhalten, hat sich mittlerweile fest in meinem Leben etabliert.

Ach, wie schön das doch ist. Es fühlt sich an wie Urlaub oder Ferien, dabei ist es mein Job, hier zu sein, denke ich mir, denn das Gefühl, dass es sich hierbei nun um meine Arbeit handelt, will sich einfach nicht einstellen. Falknerei ist seit fast zehn Jahren meine Leidenschaft, der ich in nahezu meiner kompletten Freizeit nachgegangen bin, so gut es Schule, Ausbildung oder Arbeit eben zuließen. Nun gibt es keine dieser Einschränkungen mehr, und ich muss erst noch lernen, diese Freiheit zu realisieren.

»Ich gehe aufschließen«, verkündet mir Ben. Natürlich sind neben der Burg und unserer Falknerei auch die Volieren über Nacht verschlossen und alarmgesichert, ich möchte nicht, dass sich jemand nachts an meinen Tieren zu schaffen macht, ihnen schadet oder sie gar stiehlt. Das kleinste Problem wäre es, wenn jemand die Volierentüren bloß öffnen würde. Ich habe keine Angst, dass die Tiere fortfliegen. Wenn die Tür offen ist, bleiben sie entweder trotzdem in ihrem Wohnzimmer sitzen oder suchen sich ein angenehmes Plätzchen rund um die Falknerei in einem Baum oder auf der Burgmauer. Allerdings würden die Allerkleinsten wie mein süßer Linus schnell zu einem Objekt der Begierde, die Größeren hätten ihn zum Fressen gern; das bezieht sich sowohl auf wilde Beutegreifer als auch auf meine eigenen Greifvögel. Und dieses Risiko kann und werde ich natürlich nicht eingehen. Ich möchte meine Tiere jederzeit in Sicherheit und bei bester Gesundheit wissen.

»Sandra, komm mal bitte.« Ben ruft mich über die Anlage zu sich. Nanu? Das ist seltsam. Ich spüre, dass etwas nicht stimmt, und beeile mich, schnell zu Ben zu laufen.

Mein Herz fängt an zu klopfen, Besorgnis macht sich in mir breit. Noch während ich die Falknerei im Lauftempo durchquere, rufe ich Ben zu: »Wieso, was ist denn los?« Tief in mir hoffe ich auf eine lockere Antwort, eine witzige Bemerkung, irgendetwas, was mein Herz beruhigen würde.

Doch ich werde enttäuscht: »Komm doch bitte einfach her.« Ben steht vor Dexters Voliere und schaut besorgt hinein. »Oje, hoffentlich ist mit Dexter alles in Ordnung. Hoffentlich geht es ihm gut«, stammele ich vor mich hin.

Endlich stehe ich neben Ben und sehe meinen geliebten Vogel an. Dexter sitzt in seiner Voliere, mir fällt ein großer Stein vom Herzen, doch wenige Sekunden später ist mein Herz mit neuer Besorgnis erfüllt. Der Vogel sieht nicht munter aus, nicht fidel, so wie ich es gewohnt bin. Er wirkt in sich zusammengesunken, die Augen sind schmal. »Was fehlt ihm?«, frage ich Ben besorgt, aber auch er kann mir darauf keine Antwort geben.

Ich betrete die Voliere und sehe Dex eindringlich an. Kein Knöttern oder Murren, keines seiner gewohnten Geräusche, wie ich sie sonst höre, wenn ich morgens seine Voliere betrete.

Dexter sieht mich aus seinen kleinen Augen an, schwach und zögerlich tritt er von seinem Sitzplatz auf meinen Handschuh.

»Sein Kropf ist noch voll!«, teile ich Ben mit. Im Kropf der Greifvögel wird die Nahrung gesammelt, bevor sie in den Magen abgegeben wird. Normalerweise beginnt die Leerung des Kropfes schon wenige Stunden nach der Nahrungsaufnahme, nach spätestens zwölf Stunden sollte der Kropf restlos geleert sein. »Das ist schlecht«, resümiert Ben, auch er wirkt erschüttert und hilflos, genauso hilflos, wie ich mich fühle. Vorsichtig taste ich den Kropf ab, kann aber nichts Ungewöhnliches feststellen. »Dex, was ist los mit dir?« Ich bin den Tränen nahe und sehe meinen Bussard verzweifelt an. Ist ihm bei seiner letzten Beizjagd etwas passiert? Nach der erfolgreichen Kaninchenjagd vor ein paar Wochen waren wir am gestrigen Tag auch noch einmal Krähen jagen, und da war er noch sehr agil und munter.

»Wir müssen sofort zum Tierarzt.« Endlich finde ich meine Fassung wieder und kann einen klaren Gedanken fassen.

»Ja, das sehe ich auch so. Abwarten ist viel zu gefährlich, wir dürfen keine Zeit verlieren. Fahr am besten direkt zu Dominik nach Gießen. Wir dürfen kein Risiko eingehen.«

Ich verlasse mit Dexter die Voliere, während Ben mir schnell eine Transportkiste für meinen kranken Gefährten vorbereitet und in mein Auto lädt. Vorsichtig setze ich Dexter hinein. »Ich kümmere mich darum, dass es dir bald wieder besser geht«, verspreche ich ihm. Ich verabschiede mich hektisch von Ben. »Alles wird gut, bleib ruhig und fahr vorsichtig«, gibt er mir zum Abschied mit. Ich muss stark bleiben, denn Dexter braucht mich jetzt.

In Gießen angekommen, werde ich bereits erwartet, Ben hat mich telefonisch schon bei Dominik angekündigt.

»Hallo, Sandra. Schön, dich zu sehen, wenn auch unter keinen schönen Umständen«, begrüßt mich Dominik herzlich. Ben und ich kennen Dominik schon seit einigen Jahren aus unserer Zeit in Hellenthal, er ist der Sohn von Karli. Als Falkner und Tierarzt ist er unser erster Ansprechpartner, wenn mal etwas mit unseren Tieren nicht stimmmt.

Ich hole meinen geliebten Dex aus seiner Transportbox, sofort beginnt Dominik mit einer eingehenden Untersuchung. Er überprüft den Allgemeinzustand von Dexter, tastet seinen Bauch und seinen Kropf ab, testet seine Reflexe und horcht seinen Herzschlag ab.

»Äußerlich scheinen alle Körperfunktionen in Ordnung zu sein. Ich würde deinen Kleinen gerne röntgen, um eine Vorstellung von seinem Kropfinhalt zu bekommen, und dann noch einen Abstrich und eine Blutprobe nehmen.«

Ich nicke zustimmend, denn natürlich vertraue ich Dominik und seinem Urteil. Wenn er angibt, eine bestimmte Maßnahme sei notwendig, dann würde ich mich seiner Empfehlung niemals widersetzen.

Für die weitere Untersuchung wird Dexter in eine leichte Narkose gelegt, um seinen Stress zu minimieren. Nach wenigen Minuten ist alles erledigt, und Dexter darf in meinem Arm wieder zu sich kommen, während Dominik die Röntgenaufnahmen an ein großes Leuchtfenster klemmt.

»Ich sehe eine Vielzahl an Knochen in Dexters gesamtem Verdauungssystem, irgendwas hindert ihn an einer adäquaten Verdauung. Was gab's gestern zu fressen?«

»Wir waren gestern jagen. Dexter konnte eine Krähe erbeuten, die er dann natürlich auch fressen durfte. Die Krähe wirkte nicht besonders auffällig, sie war nur etwas abgemagert.«

»Hm, okay, das sollte eigentlich kein Problem sein, diese Atzung zu verdauen.«

Wir besprechen das weitere Vorgehen, und ich akzeptiere Dominiks Vorschlag, Dexter zunächst einmal stationär aufzunehmen. Eine Verletzung durch die Jagd möchte er ausschließen, es scheint vielmehr eine Infektion in seinem Verdauungssystem vorzuliegen.

»Wir müssen die Untersuchungsergebnisse abwarten, bevor wir weiter gezielt vorgehen können. Zunächst einmal werden wir die Verdauung anregen und ein Breitbandantibiotikum geben. Dazu muss er dann zwingend ein Pilzmittel nehmen, weil Pilze sich gerne in die Lücken der abgetöteten Bakterien setzen.« Dominik erklärt mir alles behutsam. Ich nicke und verabschiede mich schweren Herzens von Dexter.

Wieder zu Hause angekommen, teile ich Ben alles mit und versichere ihm, dass Dominik keine Sorge zu haben scheint, dass er es schaffen wird, Dexter zu helfen. Nun heißt es abwarten und hoffen, dass mein Bussard stark sein wird.

Meine Sorge um meinen geliebten Dexter, meinen ersten Vogel, meinen beständigen Gefährten und Vertrauten, ist groß. Abends wälze ich mich unablässig im Bett hin und her, hole sogar Balu zu mir, um mich an das Fell des Hundes zu kuscheln. Arm in Arm mit Balu schlafe ich schließlich irgendwann ein, doch die Nacht ist kurz und unruhig.

Nur schwer kann ich mich am nächsten Morgen davon abhalten, sofort in der Tierklinik anzurufen. Dominik sagte, er würde sich melden, sobald es neue Informationen gebe. Das könne aber zwei bis drei Tage dauern. Sollte ich vorher nichts von ihm hören, sei das ein gutes Zeichen.

»Hoffentlich geht es Dexter gut«, teile ich Ben meine Sorgen morgens beim Frühstück mit.

»Na klar. Dein Dexter ist doch stark!«, versucht er mich aufzumuntern.

Den ganzen Tag kann ich mich nicht richtig konzentrieren, meine Gedanken sind immer nur bei Dexter. Auch der darauffolgende Tag ist für mich nicht besser, ich bin unkonzentriert und nicht richtig bei der Sache. Ben hat Verständnis und versucht, mir so viel Arbeit wie möglich in der Falknerei abzunehmen.

Am dritten Tag ist es endlich so weit. Mein Telefon klingelt und zeigt Dominiks Nummer an. Aufgeregt nehme ich ab. »Deinem Dexter geht es wieder deutlich besser. Es haben sich tatsächlich fiese Bakterien in seinem Kropf angesiedelt. Wahrscheinlich hat er die von der Krähe, aber das ist nur eine Vermutung. Theoretisch kann er sie von jeder Maus oder jedem Regenwurm oder jedem anderen Tier, das er in seiner Voliere so fängt, haben«, erklärt mir Dominik. »Die Medikamente schlagen aber schon an, heute hat Dexter das erste Mal wieder gefressen.«

Mir fallen Hunderte Steine vom Herzen, ich fühle nun, wie die Sorge von Erleichterung vertrieben wird. Ein tolles Gefühl. »Oh, wie schön! Das freut mich sehr. Vielen Dank!«

»Ich würde vorschlagen, Dexter noch zwei Tage hierzubehalten, dann kannst du ihn zu dir holen und bei dir die Medikation abschließen.«

Die Freude ist riesig, ich danke Dominik überschwänglich.

»Willkommen zu Hause, Schatz.« Ich setze Dexter in seine Voliere und sehe ihn glücklich und zufrieden an. »Gut, dass es dir wieder besser geht. Jag mir nie wieder so einen Schrecken ein, hörst du?« Dexter knöttert mich vergnügt an, er ist schon fast wieder ganz der Alte.

Kratzer gehören dazu

»Heiko! Ich bin so froh, dass du da bist. Willkommen auf Burg Greifenstein!«, verkünde ich stolz. Es ist der dritte November und somit der allerletzte Tag unserer ersten Saison auf Burg Greifenstein.

Seitdem ich Heiko vor vielen, vielen Jahren in der Falknerei am See kennengelernt habe, verbindet uns eine stetige, enge Freundschaft. Dass er mich nun hier in meiner eigenen Falknerei besuchen kommt, macht mich froh und stolz zugleich.

»Vielen Dank. Na sicher, ich kann mir doch nicht entgehen lassen, was ihr euch hier aufgebaut habt!«

Auch Ben und Heiko begrüßen sich herzlich, und ich kann es kaum erwarten, Heiko endlich herumzuführen.

»Und das ist unser ganzer Stolz«, stelle ich ihm unsere Adler vor. »Ein paar von ihnen kennst du ja schon, da drüben sitzt die liebe Kayla, das hier sind Milo und Mia. Die beiden Damen hier«, ich zeige auf zwei weitere große, schwarze Seeadler, »heißen Maja und Allie. Maja ist ein Europäischer Seeadler und Allie ein Weißkopfseeadler. Die beiden sind vor einiger Zeit bei uns eingezogen. Du wirst sie bestimmt schnell in dein Herz schließen.«

Nachdem ich Heiko alle Vögel vorgestellt habe, geht es an

die Erkundung der Burg, denn bis zum Flugprogramm sind noch zwei Stunden Zeit.

Wir schlendern über das Gelände und schwelgen in Erinnerungen an unsere ersten Jahre zusammen in der Falknerei. »Diese Mauer hier ist vor ein paar Jahren komplett eingestürzt. Der Burgverein hat sie dann wieder Stein für Stein rekonstruiert.«

»Wahnsinnig toll. Burgen sind lebendige Geschichte, es ist aufregend hier.«

Wir bleiben an dem fast siebzig Meter tiefen Brunnen der Burg stehen und rufen verschiedene Töne hinunter, um uns über das Echo zu amüsieren.

»Fantastisch, Sandra. Die Burg ist unglaublich gepflegt und eindrucksvoll. Da habt ihr wirklich einen Glücksgriff gemacht!«, erklärt mir Heiko auf dem Rückweg zum Gelände der Falknerei.

Ben kommt uns dort schon grinsend entgegen.

»Jetzt, wo wir statt zwei ganze drei Falkner sind, können wir unser heutiges Flugprogramm noch mal ein bisschen erweitern!«, teilt er uns immer noch breit grinsend mit.

»Es ist windig, Ben, du hast bestimmt vor, alle Adler, die wir haben, gleichzeitig zu fliegen, richtig?«, frage ich ihn. Ich kenne Bens Ideen nur zu gut, meistens weiß ich, was er vorhat, bevor er es mir sagt.

»Genau! Das wird super, ich sage es euch!«

Heiko steht nur lächelnd neben mir, sicherlich kann er es kaum erwarten.

»Und hier sehen Sie unsere fünf Adler gleichzeitig in der Thermik kreisen!« Bens Stimme klingt aus den Boxen. Das Flugprogramm geht nun schon gut eine Stunde, und wir haben den Höhepunkt erreicht: Fünf große Adler kreisen an Thüringens Himmel über Burg Greifenstein. Ben, Heiko und ich stehen hoch konzentriert auf der kleinen Flugwiese, jetzt heißt es Nerven behalten und bloß keinen Fehler machen. Das Publikum sitzt gebannt auf den Plätzen, einige Menschen sind aufgestanden, um sich das Spektakel aus einem anderen Blickwinkel anzusehen.

»Und da kommt unsere kleine Rakete Kayla«, höre ich Ben, während Kayla mit über einhundertsechzig Stundenkilometern auf uns zugestürzt kommt. In allerletzter Sekunde werfe ich ein Stück Fleisch in den Himmel. Kayla zischt an mir vorbei, fängt das Fleisch mit einem Überschlag und fliegt dicht über dem Publikum wieder hinaus ins Tal. Es ist einfach nur unglaublich, wie sich die kleine Adlerdame entwickelt hat. Das Publikum? Es interessiert Kayla nicht mehr. Ob dort einer, zehn oder einhundert Menschen sitzen, macht für Kayla keinen Unterschied. Sie rast wie ein Pfeil blitzschnell durch die Luft und ist dabei atemberaubend wendig. Kaylas Flugmanöver werden grundsätzlich von einem Raunen der Zuschauermenge begleitet. Selten fühle ich mich so stolz wie in diesen Momenten.

In derselben Sekunde, in der Kayla ihre Beute fängt, hat Mia beschlossen, sich eine Stärkung abzuholen. »Heiko!«, koordiniert Ben, denn bei einer solchen Flugstaffel ist es unvermeidlich, dass alles auf ein Kommando hört. Heiko weiß sofort, was er tun muss. »Mia!« Er legt ein leuchtend gelbes Küken in seinen Handschuh, und der Adler landet Sekunden später auf seinem Arm. Nachdem Mia von Heiko wieder ins Tal geschickt wurde, ist nun Milo an der Reihe. Ich rufe den Weißkopfseeadler im richtigen Augenblick, und er kommt zielgenau zum

Handschuh gesegelt. Dabei hat er alle Zeit der Welt. *Sturzflug? Heute nicht*, scheint Milo sich zu denken. Wie ein langsam fallendes Blatt segelt er mit aller Ruhe in Richtung meines Armes. Auch Milo schicke ich noch einmal auf einen Rundflug. Mia ist inzwischen etwas weiter hinausgezogen und genießt den Wind unter den Flügeln, während sie den Himmel direkt über Bad Blankenburg mit ihren riesigen Schwingen verdunkelt.

Kayla steht senkrecht über mir im Wind. »Mist, von hier aus kann ich ihr nichts zuwerfen«, denke ich, denn der Winkel passt nicht für dieses Manöver. Ich suche den Blickkontakt mit Ben, er nickt, und ich weiß, dass ich freie Bahn habe. »Kayla-Maus! Top!«, rufe ich meinen geliebten Andenadler. Kayla zeigt wieder einmal, wie waghalsig sie ist. Statt eine kleine, etwas flachere Kurve zu mir zu fliegen, lässt sie sich tatsächlich senkrecht aus dem Himmel fallen. »Oh, Kayla, bist du verrückt geworden?«, frage ich sie noch, doch schon kommt sie angerast. Aufgrund des drückenden Windes erreicht sie bei ihrem Sturzflug eine enorme Geschwindigkeit, die sie vor der Landung nicht mehr gänzlich abfangen kann. Mit viel Schwung landet sie auf meinem Handschuh und rutscht dabei fast ab. Bei dem Versuch, sich festzuhalten, greift sie neben den Handschuh. Ich atme tief ein, als ich die Krallen in meiner Haut spüre, doch wichtig ist es nun, mir nichts anmerken zu lassen, um das Publikum nicht zu beunruhigen. »The show must go on!« Mit der rechten Hand nehme ich Kaylas Fang und setze ihn von meinem nackten Arm zurück auf den Handschuh. »Landebahn verfehlt!«, zische ich dem Adler zu, doch Kayla scheint davon unbeeindruckt.

Ben und Heiko fragen mich jeweils mit Blicken, ob alles in Ordnung ist. Wenn man als Falkner jahrelang mit Kollegen arbeitet, entwickelt man eine Gestensprache, die Worte ersetzt. Ich gebe den beiden zu erkennen, dass nichts Schlimmes passiert ist, und wir setzen unser Programm fort.

Nach weit über einer Stunde kommen die Adler alle nacheinander zurück in die Falknerei, wo das große Abendmahl auf sie wartet. Die Zuschauer applaudieren begeistert, Heiko, Ben und ich verlassen zufrieden die Flugwiese. »Wenn das kein perfekter Saisonabschluss war, dann weiß ich auch nicht«, sage ich grinsend zu den beiden Männern.

»Mensch, war das toll!«, bestätigt Heiko, als wir uns alle in der Falknerhütte einfinden, um uns zu stärken.

»Was macht dein Arm?«, fragt mich Ben.

Ich drehe meinen linken Arm und wische vorsichtig das Blut ab.

»Nur ein paar kleine Löcher. Kayla hat's nicht böse gemeint, sie hat nur in ihrem Wagemut den Handschuh verfehlt.«

Ich desinfiziere die Wunde und klebe drei Pflaster darauf. »Kratzer gehören eben zum Dasein als Falknerin dazu«, sage ich, und wer könnte das besser verstehen als Ben und Heiko.

Findelkinder

Mein Telefon klingelt.

»Falknerei Burg Greifenstein, hier ist Sandra Jung«, melde ich mich wie gewohnt. Wir bekamen während der Saison beinahe täglich Anrufe zu Flugshowinformationen oder mit Anfragen zu Angeboten wie unserem Falknertag. Die Saison ist jetzt zwar vorbei, doch trotzdem erwarte ich auch diesmal einen solchen Anruf. Aber ich soll überrascht werden.

»Guten Tag, Frau Jung, hier spricht Maria Kunze. Bin ich bei Ihnen richtig, wenn es um Wildvögel geht?«

»Aber ja, wir sind auch eine Greifvogelauffangstation.«

»Ah, sehr gut! Ich habe einen verletzten Greifvogel gefunden. Ich weiß nicht, was es für einer ist, aber er ist schon relativ groß. Es könnte ein Bussard sein. Er lag am Straßenrand, bestimmt wurde er angefahren. Er braucht auf jeden Fall dringend Hilfe.«

Frau Kunze erklärt mir, dass sie den Vogel bereits vorbildlich in einem dunklen Pappkarton mit einem Handtuch gesichert hat. Es ist wichtig, die Tiere mit einem Handtuch oder einer Decke aufzunehmen, um sich selbst und das Tier nicht zu verletzen. Auch verletzte Greifvögel und Eulen können noch sehr wehrhaft sein. In Drahtkäfigen werden die Tiere panisch, deswegen sind dunkle Kartons mit ein paar wenigen

Luftlöchern die ideale Unterbringung für den Transport zu uns oder zum Tierarzt.

»Sie können den Vogel gerne zu mir zur Burg Greifenstein bringen. Ich sehe ihn mir dann an und kümmere mich um die weitere Versorgung.«

Vorsichtig schaue ich durch einen schmalen Spalt in den Karton im Kofferraum der Finderin. Frau Kunze steht gespannt neben mir. Mit Lederhandschuhen ausgestattet greife ich nun hinein und nehme den Mäusebussard zärtlich aus der Kiste.

»Sie haben recht, es ist tatsächlich ein Bussard.«

Ich unterziehe den armen Kerl kurz einer Eingangsuntersuchung: Ich taste beide Flügel und die Beine ab, alle Reflexe scheinen vorhanden zu sein und kein Knochen ist gebrochen. Im Rachen hat er ein wenig Blut, das ist nach einem Anflugtrauma, wie es nach einem Scheibenflug oder nach einer Kollision mit einem Auto auftritt, erst einmal nicht weiter überraschend. Aber auch die Pupillen reagieren normal. Die größte Gefahr für viele Greifvögel und Vögel im Allgemeinen sind Glasfronten und der Straßenverkehr. Millionen Vögel sterben jedes Jahr allein durch den Aufprall auf eine Scheibe.

»Der Bussard hat vermutlich ein schweres Anflugtrauma«, erkläre ich Frau Kunze. »Das Wichtigste ist nun, dass sich eventuelle Schwellungen des Rückenmarks wieder erholen können. Hierfür braucht er ein paar Tage absolute Ruhe und Dunkelheit ohne Stress. Ich werde ihn hier auf der Burg versorgen und gegebenenfalls noch eine Röntgenuntersuchung beim Tierarzt anschließen.«

Ich bin immer aufs Neue erfreut, wenn aufmerksame Menschen auf die Natur und hilfebedürftige Tiere achtgeben. Das ist leider keine Selbstverständlichkeit, oft habe ich auch schon Desinteresse und Gleichgültigkeit erlebt.

Aus eigener Tasche bezahlen wir derzeit die komplette Versorgung aller uns gebrachten Wildvögel, darunter Habichte, Sperber, Turmfalken, Mäusebussarde, aber auch Singvögel und Spechte, und sogar ein Eichhörnchen habe ich diese Saison schon großgezogen. Durch Medikamente und Behandlungen entstehen pro Jahr einige Hundert Euro Kosten, die ich gerne investiere, um den Tieren zu helfen und sie im allerbesten Fall wieder in die Natur eingliedern zu können, aber ich würde mir längerfristig eine Unterstützung durch die Stadt oder einen öffentlichen Sektor wünschen.

Falknern obliegt hier eine besondere Verantwortung. Die Pflege von Greifvögeln ist sehr aufwendig, eine hohe Fachkenntnis ist vonnöten. Daher können verletzte Greifvögel nicht von Laienhänden gepflegt werden. Ohne den ehrenamtlichen Einsatz Tausender Falkner sähe es für viele Greifvögel, die verunglücken oder anders in Not geraten, sehr schlecht aus.

Viele Hochleistungsflieger, also beispielsweise Vogeljäger wie Wanderfalke, Habicht und Sperber, müssen nach einer aufwendigen und langwierigen Behandlung zunächst von Falknerhand trainiert werden, um die über den langen Zeitraum abgebaute Muskulatur wiederaufzubauen. Ansonsten hätten sie in der freien Natur keine Chance mehr, Nahrung zu erjagen. Auch hier sind das Fachwissen und die Erfahrung eines Falkners unabdingbar.

Die Tiere müssen während ihrer Versorgung in menschlicher Obhut ideal untergebracht werden. Da sie eine natürliche Scheu vor dem Menschen haben, müssen sie abgeschieden in einer rundum geschlossenen Voliere untergebracht werden. Lichteinfall findet durch das Dach statt. Weder Stress noch

Panik dürfen die Genesung gefährden. Zudem muss man sich sehr genau mit der Biologie und dem Nahrungsverhalten der Tiere auskennen, um ihnen das richtige Futter geben zu können.

Der kleine Bussard, den Frau Kunze mir gebracht hat, verbringt die nächsten drei Tage allerdings erst einmal in einem Pappkarton. Was zunächst befremdlich wirkt, ist in Wirklichkeit die beste Unterbringung, wenn ein Rückenmarkstrauma vorliegt, eine große und helle Voliere wäre nicht förderlich für die Heilung, möglicherweise sogar lebensgefährlich. Auch ein Transport könnte die Verletzung verschlimmern, da wir den Vogel durch den Transport nicht noch mehr schädigen wollen, müssen wir auf eine Stabilisierung des Zustands warten. Als das kleine Kerlchen nach den drei Tagen wieder stehen und fressen kann, steht dann sein Besuch bei der Tierärztin an.

»Ich kann keine Brüche feststellen«, erklärt sie mir, als wir zusammen auf das Röntgenbild des Bussards schauen. »Aus tierärztlicher Sicht spricht nach einer Genesung seines Brummschädels nichts gegen eine Auswilderung.«

»Perfekt! Vielen Dank, Frau Doktor. Das freut mich sehr. Dann gebe ich dem Herrn noch ein paar Tage in unserer Voliere, und wenn er zielsicher fliegt und frisst, darf er wieder hinaus in die Freiheit.«

Kaum habe ich den kleinen Bussard von unserer Burg verabschiedet, nehme ich mich schon eines weiteren Findelkindes an. Ein Mann aus dem Nachbarort hat einen nestjungen Turmfalken gefunden und sucht Hilfe bei mir.

»Leider habe ich kein Auto, um das Tier zu Ihnen zu bringen, können Sie ihn holen kommen?«, fragt der Finder mich am Telefon.

»Zunächst bestünde noch die Möglichkeit einer Rückführung. Können Sie den Brutplatz ausmachen?«, frage ich ihn.

Vögel haben keinen Geruchssinn, wie wir ihn von Säugetieren kennen. Einen aus dem Nest gepurzelten und unverletzten Jungvogel kann man immer ins Nest zurücksetzen, sofern man das Nest ausmachen kann. Die Jungtiere werden durch den menschlichen Geruch nicht von den Eltern verstoßen, wie es bei Säugetieren oftmals der Fall ist. Gerade bei jungen Eulen, die anfangen, um den Brutort herum auf Ästen zu klettern, sogenannten Ästlingen, reicht es, sie vom Boden auf einen erhöhten Punkt zu setzen. Sie werden dort weiterhin von den Altvögeln versorgt und nicht verstoßen, wie viele Menschen befürchten. Nur sichtbar verletzte Vögel oder solche, bei denen eine Rückführung nicht möglich ist, müssen in einer Greifvogelauffangstation abgegeben werden.

»Leider nicht. Ich denke, er stammt aus dem Kirchturm, ich habe ihn am Rand des Marktplatzes gefunden. Den Pfarrer erreiche ich seit zwei Stunden nicht. Sonst hätte ich ihn schon längst zurückgesetzt. Ich kann ihn aber nicht länger unterbringen und versorgen.«

Ben und ich fahren also los, um uns den kleinen Turmfalken anzuschauen.

»Ich hätte ihn wirklich gerne selbst zurückgesetzt. Schade, dass das nicht ging.« Der ältere Herr in einer typischen Heimwerkerlatzhose verschwindet kurz in seinem Schuppen und kommt mit einem kleinen Drahtkäfig, wie man ihn vor dreißig Jahren für Kanarienvögel verwendet hat, wieder zurück, und schon jetzt tut mir der kleine Vogel leid, weil er so untergebracht wurde. Einen Vorwurf mache ich dem Herrn natürlich nicht, ich bin froh, dass er hilft.

Der Mann kommt näher, und Ben und ich starren sprachlos auf den Käfig. Wir schauen definitiv nicht in die Augen eines jungen Turmfalken. Ben neben mir hüstelt etwas und unterdrückt ein Schmunzeln. Schließlich muss ich lachen und finde meine Sprache zuerst wieder: »Das ist aber kein Turmfalke, was Sie da haben.«

»Oh, nicht?« Der Mann wirkt überrascht. »Ich kenne mich leider nicht so gut mit Greifvögeln aus.«

»Gut für die Turmfalkenfamilie, dass Sie ihr Nest nicht ausmachen konnten und diese Dame hier dazugesetzt haben. Das ist ein weiblicher Sperber. Sperber sind als Deckungsjäger perfekt auf die Jagd in eng bewachsenem Buschwerk abgestimmt und jagen bevorzugt andere Vögel.« Ich lächele den Mann freundlich an, um ihm nicht das Gefühl zu geben, ich würde ihn belehren.

»Oh, na so was aber auch. Da habe ich wieder was gelernt.«

Ich nehme die Sperberdame, welche in der Natur unter anderem Tauben, Feldhühner und Singvögel jagt – sie würde somit auch einen jungen Turmfalken nicht verschonen –, an mich und setze sie in einen dunklen Karton, den wir dabeihaben, damit sie sich beruhigen kann.

»Vielen herzlichen Dank für Ihre Mühen. Sie können uns gerne weiterhin jederzeit anrufen. Vielleicht fällt ja doch einmal einer der Turmfalken aus dem Kirchturm. Hoffen wollen wir es natürlich nicht!«

Bei meiner Untersuchung auf der Burg kann ich keine Einschränkungen feststellen, die Dame scheint sich nur leicht den Kopf gestoßen zu haben. Lediglich die gelblichen Beläge in ihrem Schnabel muss ich behandeln.

Bei der Wildvogelpflege kann ich meine Leidenschaft für Greifvögel und Medizin ideal kombinieren. Eine Freundin im Rheinland ist Inhaberin einer großen Vogelauffangstation, und von ihr habe ich viel gelernt. Ich kann Sylvia mit jedem meiner Patienten konsultieren.

»Wieder mal eine Kotprobe?«, fragt sie mich lachend, als ich ihr am Telefon von der Sperberdame berichte. »Nicht nur, neben dem Schmelz gibt's noch einen netten Rachenabstrich für dich.«

»Ich freue mich schon. Schick rüber.« Wir sind mit unserer Zuneigung für die wilden Patienten genau auf einer Wellenlänge, und ich schätze Sylvias Rat sehr. Schon bald plane ich eine kleine Reise zu ihr, um von ihrem Wissen zu lernen und davon für meine eigenen Patienten zu profitieren.

Der Abstrich aus dem Rachen, den Sylvia auswertet, ergibt einen Befall mit Einzellern, die wir mit einem bestimmten Medikament problemlos beseitigen können. Und schon geht es nach wenigen Tagen für die Sperberdame gesund und munter wieder zurück in ihr Revier. Es ist wichtig, dass man Greifvögel nach Möglichkeit in ihrem Fundrevier wieder in die Natur entlässt. Gerade während der Paarungs- oder Aufzuchtszeit warten unter Umständen schon der Partner oder gar Jungvögel auf die Rückkehr des Elternteils.

*

»Dann auf ins Rheinland!« Ich verabschiede mich von Ben, Balu und meinen Vögeln, um meine kleine Fortbildung bei Sylvia anzutreten.

»Und was gibt's Neues? Wie geht's dem Sperber?«
»Der konnte in der Nähe seines Fundorts wieder freigelassen werden. Vielen Dank noch mal für deine Hilfe!«

Bei einem Glas Wein am Abend haben wir Gelegenheit, uns über unsere gemeinsame Leidenschaft auszutauschen.

»Ich hatte dieses Jahr unverhältnismäßig viele Jungvögel, so viele wie noch nie. Alle Arten waren dabei, vom Turmfalken bis hin zum Wespenbussard. Und von den Eulen will ich gar nicht erst anfangen ...« Sylvia berichtet mir von ihrem Sommer und wie sie mit den Tieren verfahren ist.

»Wespenbussard, das ist der Wahnsinn. Das sind beeindruckende Tiere. Aber wie machst du das mit der Aufzucht? Eine Prägung auf den Menschen muss ja unbedingt vermieden werden.«

»Ja, genau. Am allerbesten ist eine Geschwisterprägung, das heißt, die Jungvögel einer Art sitzen alle zusammen im Nest in der Voliere und bekommen den Menschen niemals zu Gesicht. Das Futter wird über eine Luke eingeworfen, die Tiere wissen nicht, woher es kommt, und wachsen so unter ihresgleichen auf. Falls man nur ein Tier einer Art hat, muss man idealerweise eine andere Auffangstation finden, die ebenfalls diese Art beherbergt. Die alleinige Aufzucht sollte immer der letzte Weg sein. Aber auch dann gilt: Niemals Sichtkontakt zum Menschen.«

In der Natur beginnt, wenn die Tiere flügge werden, die Bettelflugperiode, in der die Jungvögel ihren Eltern hinterherfliegen und von diesen spielerisch das Jagen beigebracht bekommen. Da wir als Menschen nur schwerlich den Jagdflug eines Greifvogels imitieren können, muss auch hier eine andere Lösung gefunden werden.

»Und wie geht's dann weiter? Ich weiß, dass du die Wildflugmethode nutzt. Dabei bleiben die Jungvögel noch eine Zeit lang in der Nähe?«

»Ja, exakt. Nach dem Ausfliegen öffne ich die Voliere, füttere aber immer noch weiterhin im Nest. Die Vögel fliegen aus, aber nicht weit weg, in der Natur würden sie sich ja auch noch in der Nähe ihres Horstplatzes, also dem Brutplatz, aufhalten. Sie fangen an, von selbst Jagdflüge zu trainieren und spielerisch zu jagen. Dabei werden auch schon leblose Dinge wie Äste oder Tannenzapfen gefangen, Hauptsache, man trainiert die Muskeln und die Geschicklichkeit.«

Ich muss lachen, denn dieses Verhalten kenne ich nur zu gut von Kayla und Elise. »Meine Jungvögel haben auch immer alles Mögliche gefangen. Das ist einfach zu niedlich«, berichte ich Sylvia.

»Das ist es. Na ja, und um mich kurz zu fassen: Die Vögel ernähren sich irgendwann immer besser selbst und benötigen meine Fütterungen nicht mehr. Wann es so weit ist, merke ich, wenn das Futter vom Vortag längere Zeit nicht mehr angerührt wird. Die Tiere ziehen dann weiter und sind in der Lage, für sich selbst zu sorgen.«

»Einfach nur toll. Vielen Dank. Wenn ich mal einen Jungvogel bekomme, werde ich es genauso machen, damit er auch den bestmöglichen Start in die Natur hat.«

»Übrigens haben Falkner mit der gezielten Nachzucht und Auswilderung die Population des Wanderfalken in Deutschland nachhaltig gerettet. Das Prinzip war damals genau das Gleiche. Die Jungvögel wurden ohne menschlichen Kontakt aufgezogen, und noch bevor sie flügge wurden, wurden sie in ihre zukünftigen Reviere gebracht, in Nester mit einem Drahtkorb darüber. Sobald die Tiere flugfähig waren, wurde der Korb geöffnet, über einen Seilzug hat man sie aber weiter dort gefüttert. So konnten auch hier die Wanderfalken das Jagen nach und nach lernen, bis sie selbstständig waren. Mit dieser Methode konnten bis 2010 weit über eintausend Wanderfalken ausgewildert werden.«

»Wow. Diese Geschichte ist wirklich beeindruckend, der

Greifvogelschutz durch Falkner ist so unglaublich wichtig. Ich bin wirklich froh, ein Teil davon zu sein.«

Während der folgenden Tage lerne ich bei Sylvia das Erkennen von Wurmeiern im Kot, das Anlegen von Verbänden und die verschiedenen Behandlungsarten von Traumata, Brüchen und Prellungen. Ich kann es kaum erwarten, dieses Wissen in die Praxis umzusetzen.

Winterwonderland

Die Sonne lacht hell vom strahlend blauen Himmel. Ich muss meine Augen eng zusammenkneifen, um den Weg vor mir erkennen zu können. Die Sonnenstrahlen werden grell von der tiefen Schneeschicht reflektiert, durch die wir gerade stapfen.

Seit drei Tagen liegt der Schnee kniehoch in Bad Blankenburg, und Ben und ich laufen den dritten Tag in Folge den gesamten Burgberg hinauf.

Balu prescht an mir vorbei, Emma versucht mit ihm Schritt zu halten, doch die alte Hundeoma scheitert und muss ihren Sprint unterbrechen, sie ist zu erschöpft. Während Balu den täglichen Aufstieg von einer halben Stunde sehr genießt, sind Ben und ich eher wie Emma von der langsamen Sorte, zumal wir viel Gepäck dabeihaben.

»Nimm du noch mal das Futter!«, keuche ich und halte Ben den Beutel hin, den ich bisher über der Schulter getragen habe. Er nimmt ihn und schwingt ihn sich nun ebenso über seine rechte Schulter. In dem Beutel befinden sich rund sechs Kilogramm Futter für unsere Vögel. Dieses Futterbündel den steilen Burgberg hinaufzuschleppen und dabei die verschneiten und nicht geräumten Wege zu erklimmen, ist ein Abenteuer.

Die Natur, die wir durchschreiten, ist atemberaubend schön. Außer uns läuft hier bei diesem Wetter keine Menschenseele entlang, daher sind nur unsere Fußstapfen Zeugen des menschlichen Kontakts. Wir durchqueren den dichten Wald und erreichen eine große Freifläche.

»Oh, wie schön es hier ist. Immerhin lernen wir die Natur rund um unsere Burg jetzt ganz aus der Nähe kennen«, erkläre ich.

Während ich selbst trotz der Mühen den Aufstieg sehr genießen kann, ist diese Zeit für wilde Greifvögel alles andere als einfach. Durch die hohen Schneemassen finden viele von ihnen keine Beute mehr, da Mäuse und andere kleinere Tiere unter der Schneedecke eine perfekte Deckung haben. Gerade bei lang anhaltendem Schneefall geraten viele Greifvögel an den Rand des Hungertodes und sind auf menschliche Aufmerksamkeit und Hilfe angewiesen, zum Beispiel durch die Aufnahme in einer Auffangstation. Ich denke an Sylvia und frage mich, ob im Rheinland auch so viel Schnee liegt und ihre Station wohl komplett »ausgebucht« ist.

»Puh, ich brauche ein Sauerstoffzelt!«, ächze ich, als wir wenig später oben auf der Burg angekommen sind.

»Ich auch. Hauptsache, einer hat hier Spaß«, erwidert Ben lachend und zeigt auf den im Schnee tollenden Balu.

Bis wir die Tiere aus ihren Volieren holen können, müssen wir die Türen und Sitzplätze erst einmal von den Schneemassen befreien. Auch die Dächer aller Hütten und Volieren müssen abgefegt werden, da wir nicht das Risiko eines Einsturzes eingehen wollen.

Auch bei Schnee wollen unsere Vögelchen bewegt werden. Mit der Kälte haben sie bis auf wenige Ausnahmen keine Probleme. Wir haben nur Arten, die auch in ihren heimischen Gefilden mit Temperaturen deutlich unter dem Gefrierpunkt zurechtkommen müssen. Natürlich gibt es aber auch hier Unterschiede. Während die Seeadler aus Deutschland und Amerika über unseren Winter nur müde lächeln, genauso wie die sibirische Uhudame Lotte, muss ich bei anderen Arten gewisse Vorsichtsmaßnahmen treffen. Schakalbussard Elise und auch die Wüstenbussarde dürfen bei diesen Temperaturen keiner Nässe ausgesetzt sein. Nässe in Verbindung mit Frost kann den Tieren nämlich gefährlich werden, schnell kommt es zu Erfrierungen. Um das zu verhindern, gehe ich sicher, dass die Vögel im Freiflug nicht nass werden und ihre Sitzplätze frei von Schnee sind. Ist das Gefieder doch klamm oder gar feucht geworden, wird der Vogel von mir vor dem Ofen oder mit einem Föhn getrocknet, bevor es zurück in die Voliere geht. So witzig das klingt, so witzig sieht das auch aus!

Die kleine Weißgesichtseule Linus hat im Winter Urlaub, sie darf ihre Freizeit mit Wärmelampe in ihrer geräumigen Voliere verbringen.

»Wie neidisch ich manchmal auf Linus bin«, erkläre ich Ben, während sich mein Körper nach dem anstrengenden Aufstieg langsam erholt und ich der Eule unter ihrer kuschelig warmen Lampe zusehe. Ich wende mich der Eule direkt zu: »Linus, Schatz. Hast du vielleicht noch etwas Platz für mich unter deiner Lampe?«

Als Antwort bekomme ich das typische Fauchen dieser Eulenart, ein Laut, der schon viele Besucher verwirrt zurückgelassen hat. Viele können einfach nicht glauben, dass dieses durchdringende Fauchen nicht von einer Großkatze, sondern von dieser winzig kleinen Eule herrühren soll.

Die verschiedenen Laute der Greifvögel und Eulen nennt man in der Falknersprache Lahnen. In der Natur wird dieser

Laut den Eltern und Geschwistervögeln gegenüber geäußert. Da wir bei uns überwiegend mit Handaufzuchten arbeiten, äußern die Tiere den Laut uns gegenüber. Das Rufen ist ein Kontaktlaut zum Falkner; wie bei Menschen auch wird er in jungen Jahren sehr inflationär geäußert und mit zunehmendem Alter immer seltener. Die älteren Vögel begrüßen uns morgens und rufen dann noch einmal, wenn man auf sie zuläuft. Den Rest des Tages sind sie zumeist still. Bei manchen Arten ist die innerartliche Kommunikation sehr ausgeprägt, zum Beispiel bei Seeadlern oder Wüstenbussarden. Hier gibt es eine Vielzahl verschiedener Lautfolgen und Rufe, die alle etwas anderes bedeuten und vom Falkner gedeutet werden müssen.

Gerade ist Milo an der Reihe, mich laut zu begrüßen, während ich mit gepackter Tasche und Handschuh auf ihn zulaufe. Ben legt dem Adler den GPS-Sender an, während er noch bei mir auf der Faust sitzt. Mit einer kleinen Schnalle und einem Lederband wird der Sender völlig unproblematisch um den Ständer des Vogels gelegt. Fertig ausgestattet gehe ich nun mit Milo zur Mauer und lasse ihn hinaus in die Wintersonne starten.

»Mal sehen, ob wir durch die Sonne schönen Auftrieb für den Burschen haben«, sagt Ben, während wir zurück zur Falknerhütte schlendern. Mit einer Tasse Kaffee in der Hand setzen wir uns auf die Bank, von der aus wir die gesamte Anlage und das Tal überblicken können. Ich erinnere mich, wie wir eine Woche vor der Eröffnung ebenfalls hier saßen. Seitdem ist so viel passiert, und wir haben uns ein richtiges kleines Reich hier oben erschaffen. Eigentlich ist es immer noch unglaublich.

Auf meinem Handy kann ich sehen, wo Milo sich gerade herumtreibt.

»Er fliegt gerade an seiner Lieblingsstelle, nördlich der Burg. Er hat schon über vierhundert Meter erreicht, und es geht stetig aufwärts. Sieht gut aus mit der Thermik«, teile ich Ben mit, der zufrieden nickt und weiter an seinem Kaffee nippt.

Ich beobachte Balu, der bei seiner Schneetollerei unermüdliche Kraftreserven zu besitzen scheint. Seine neuste Idee ist es, einen dicken Knüppel auf den Boden fallen zu lassen und dann so lange wie wild im Schnee zu buddeln, bis der Stock wieder freiliegt.

Derweil kreist Milo weiterhin außerhalb unseres Blickfelds über den Feldern. Ich muss an den Sommer denken, als Milo nach seinem Start in einem unserer Flugprogramme eine ganze Stunde lang unterwegs war, nur um pünktlich zum Ende der Vorführung wieder auf der Matte zu stehen. Die meisten Besucher waren zu diesem Zeitpunkt schon außerhalb der Anlage auf dem Heimweg. Das war ziemlich fies von ihm. Allerdings ist es auch genau das, weswegen ich die Tiere und die Arbeit mit ihnen so liebe: Egal, was ich plane, egal, was ich vorhabe: Immer gibt es mindestens einen Vogel, der mir dazwischenfunkt und den Plan ändert. Langeweile kommt nie auf, und so bleibt meine Arbeit als Falknerin jeden Tag aufs Neue spannend und aufregend. Und auch das Flugprogramm ist dadurch niemals an zwei Tagen das gleiche. Das Wetter allein bestimmt schon viel darüber, wie die Tiere fliegen können und wollen. Und dann steht so mancher Vogel jeden Tag noch mit einer unterschiedlichen Laune auf, mal fröhlich, mal mürrisch, mal motiviert, mal nicht. Es ist unvorhersehbar aufregend!

Inzwischen sehe ich auf meinem Handy eine Veränderung der beständigen Kreise und der wachsenden Höhenzahl.

»Milo ist auf dem Weg zu uns«, teile ich Ben mit und stehe auf. Die leere Kaffeetasse stelle ich auf die Bank und laufe hinüber zur Flugwiese. Ben nimmt sein Handy und folgt mir. Wir wollen die wunderbare Kulisse nutzen und ein paar Aufnahmen für unsere Social-Media-Kanäle machen.

»Da ist er!«, rufe ich Ben zu und zeige hoch in den Himmel. Milo erscheint gerade hinter den Bäumen in östlicher Richtung. Der Höhenmesser hat zuletzt eine Höhe von sechshundertvierundzwanzig Metern gezeigt, sehr beachtlich für diesen kalten Wintertag.

Der Adler kreist vor dem azurblauen Himmel, seine dunklen, breiten Schwingen sind klar zu erkennen. Sein Stoß und sein Kopf sind nahezu weiß und leuchten durch das helle Licht förmlich auf.

»Er hat sich so verändert! Ich kann mir gar nicht vorstellen, dass das dort oben der kohlrabenschwarze Vogel ist, den du mir damals vorgestellt hast.«

»Ja, er ist schon so wunderschön weiß, genau wie man sich einen Weißkopfseeadler vorstellt.«

Milo kommt nun stetig näher und ist nur noch knapp versetzt neben der Burg unterwegs. Ich rufe ihn und halte meinen Handschuh samt fleischiger Belohnung in den Himmel.

Sofort erkenne ich eine Regung im Adler, als er seine Schwingen eng an den Körper anlegt und dadurch einen Sturzflug startet. Milo wird rasend schnell, während er im Fall näher kommt, kann ich die einzelnen Federn erkennen und sehen, wie sie im Wind flattern. Er schaukelt hin und her, um das Gleichgewicht zu halten, kurz bevor er vor meinem Arm die Schwingen wieder ausbreitet, um seine Fallgeschwindigkeit vollständig abzubremsen. Diese Momente des Sturzes und der anschließenden Landung sind es, die mein Herz auch nach vielen Jahren immer noch höherschlagen lassen.

Epilog

Fast ein Jahr ist seit der Eröffnung unserer Falknerei auf Burg Greifenstein vergangen. Ich schaue in den klaren Himmel über der Flugwiese und beobachte meine Vögel, wie sie dort oben kreisen. Ich freue mich, dass der Frühling so langsam wieder anklopft. Die nächste Saison kann kommen!

Mein Weg bis hierhin war lang und nicht immer einfach, aber die Liebe zu den Tieren begleitete mich durch jedes Tal und über jeden Berg. In den vergangenen fast zehn Jahren habe ich mit unzähligen verschiedenen Greifvögeln gearbeitet, ich kenne die Mutigen, die Lustigen, die Verspielten, die Launischen und die Klugen unter ihnen. Nach wie vor gibt es für mich nichts Beruhigenderes, nichts, was mich mehr erdet, als die Verbindung zu diesen Vögeln.

Jeden Tag, wenn ich in die Augen meiner Greifvögel schaue, sehe ich unendliche Anmut und Kraft, ich sehe die Freiheit, die man einem Greifvogel nicht nehmen kann. Meine Tiere sind alle frei. Frei in ihren Entscheidungen, frei in dem, was sie tun. Und doch entscheiden sie sich dafür, bei mir zu bleiben. Diese Entscheidung liegt begründet in einer tiefen Verbundenheit, in einer Freundschaft, in der es keinen Überlegenen gibt. Die Tiere und ich sind gleichberechtigt, ein gegenseitiger tiefer Respekt bildet die Grundlage für unsere Verbindung.

Ohne die Vögel wäre ich nicht diejenige, die ich heute bin. Sie haben mich in ihre Welt entführt, und ich möchte diese Welt niemals mehr verlassen.

Bild- und Quellennachweis

Bilder:

Innenklappen, S. 1, S. 2 oben und unten, S. 4, S. 5 unten,
　S. 7 oben, S. 11 oben und unten: © Benedikt Nyssen
S. 3 oben und unten, S. 10 unten: © Anna Kaufmann,
　Textschmiede Kaufmann
S. 5 oben, S. 6 oben und unten, S. 7 unten: © Christian Riese
S. 8, S. 12, S. 13 oben, S. 16 oben: © Sandra Jung
S. 9: © Heiko Schumacher
S. 10 oben: © Matthias Kissinger
S. 13 unten: © Julian Hecker
S. 14 oben, S. 15: © privat
S. 14 unten: © Wolfgang Nyssen
S. 16 unten: © Sylvia Urbaniak

Quellen:

Deutscher Falkenorden: http://www.d-f-o.de (abgerufen am
　4. 3. 2019)
Greifensteinfreunde e. V.: http://www.burg-greifenstein.de
　(abgerufen am 4. 3. 2019)

Helen Macdonald

H wie Habicht

Aus dem Englischen von
Ulrike Kretschmer.
Taschenbuch.
Auch als E-Book erhältlich.
www.ullstein-buchverlage.de

»*Ein grandioses Buch!*« ZDF aspekte

Schon als Kind beschloss Helen Macdonald, Falknerin zu werden. Ihr Vater unterstützte sie in dieser ungewöhnlichen Leidenschaft. Als er stirbt, setzt sich ein Gedanke in Helens Kopf fest: Sie muss ihren eigenen Habicht abrichten. Sie ersteht ein Habichtweibchen, das sie auf den Namen Mabel tauft, und begibt sich auf die abenteuerliche Reise, das wilde Tier zu zähmen.

»*Ein Buch von geradezu hypnotischer Wirkung. Macdonald ist eine herausragende Literatin, die in der Kunst der Naturbeschreibung sämtliche zeitgenössischen Autoren übertrifft.*«
Sunday Express

Gesa Neitzel

Frühstück mit Elefanten
Als Rangerin in Afrika

Taschenbuch.
Auch als E-Book erhältlich.
www.ullstein-buchverlage.de

Safari Diaries

Alles hinschmeißen, nach Afrika gehen und sich zur Rangerin ausbilden lassen – ist das nun unglaublich mutig oder die Schnapsidee von jemandem, der vor dem Leben davonläuft?

Noch während Gesa darüber grübelt, landet sie kopfüber in ihrem afrikanischen Abenteuer. Sie lernt alles über Elefanten und Gelbschnabeltokos, lernt Spurenlesen und Sternenkunde und muss sich nicht nur einigen Prüfungen, sondern auch ihren Ängsten stellen. Sie erzählt von atemberaubenden Begegnungen mit Löwen, vom Barfußlaufen durch die Savanne, von langen Nächten unterm Sternenhimmel – und von einem Leben, das endlich richtig beginnt.

Fabian Sixtus Körner

Journeyman
1 Mann, 5 Kontinente
und jede Menge Jobs

Mit zahlreichen Fotos.
QR-Codes mit Fotos und Videos
im Buch.
Taschenbuch.
Auch als E-Book erhältlich.
www.ullstein-taschenbuch.de

Ohne Geld um die Welt

Wie kommt man einmal um die Welt, mit nur 255 Euro auf dem Konto? Fabian Sixtus Körner schnappt sich seinen Rucksack und macht sich auf ins Ungewisse. Sein Plan: alle Kontinente dieser Erde bereisen – und überall für Kost und Logis arbeiten. Er legt Tausende von Kilometern in Fliegern, Zügen, Bussen, löchrigen Booten und Rikshas zurück und arbeitet dabei mal als Grafiker, mal als Architekt oder Fotograf. Zwei Jahre und zwei Monate, über sechzig Orte, querweltein.